서정시 이렇게 쓰면
쉽게 쓸 수 있다

서정시 이렇게 쓰면 쉽게 쓸 수 있다

1판 1쇄 발행일 | 2022년 3월 10일
1판 2쇄 발행일 | 2022년 6월 20일

저　　자 | 김관식
펴 낸 이 | 차영미

편　　집 | 디자인그룹 여우비
펴 낸 곳 | 도서출판 서정문학

주　　소 | 서울시 강동구 성안로31다길 8(천호동)
전　　화 | 02-720-3266　FAX | 02-6442-7202
홈페이지 | http://cafe.daum.net/seojungmunhak
이 메 일 | sjmh11@hanmail.net
등　　록 | 2008. 3. 10 제324-2014-000060호

ISBN 979-11-91155-15-0 03810
정가 15,000원

* 이 책 내용의 전부 또는 일부를 사용하려면 반드시 저작권자와 서정문학의 동의를 받아야 합니다.
* 잘못된 책은 바꾸어 드립니다.

서정시 이렇게 쓰면
쉽게 쓸 수 있다

김관식 지음

서정문학

| 책을 내면서 |

꾸준한 이미지 데생 연습만이 좋은 시창작의 관건

　이 책은 서정시를 빠르게 익히기 위한 습작 요령과 연습 방법을 제시했다. 따라서 이미지 데생과 형상화(연극시) 구성하는 방법을 익히고 습작하는 스킬 북이다.
　좋은 시는 장식적인 수사나 관념의 생각들을 지껄이는 헛소리가 들어가면 안 된다. 철저하게 객관적으로 사물을 인식하고, 시의 재료가 되는 체험을 떠올려 유사 관련 이미지를 데생하고, 이것을 바탕으로 형상화 과정을 거쳐야 한다. 그러나 대부분 미사여구를 늘어놓아야 좋은 시가 되는 줄로 착각한다.
　사물을 보고 떠오르는 생각으로 시상을 전개하는 것은 좋으나 이것을 직접적인 관념어로 진술해서는 안된다. 시가 주관적인 정서의 산물이지만 어떻게 거리를 두고 시적 대상 되는 사물과 관련된 이미지를 찾아내어 연결하고, 형상화를 잘했느냐의 여부에 따라 시의 성패가 좌우된다.
　시적인 미감의 형성은 이미지 데생과 형상화 구성하기가 잘 되었느냐가 관건이다. 이미지 데생 연습을 자유자재로 구사할 수 있어야 좋은 서정시를 쓸 수 있는 기본 자질을 갖추게 되는 것이다.
　아무튼 이 책에서 예시해 놓은 이미지 데생 본보기 글을 참고하여 여러분들도 꾸준히 이미지 데생과 형상화(연극시) 구성하기 꾸준한 연습을 통하여 서정시를 쉽게 쓸 수 있게 될 것이다. 이미지 데생이 잘 되어야 형상화 구성하기가 수월하게 이루어질 수 있다.
　좋은 시는 꾸준히 이미지 데생 연습을 하지 않고서는 불가능하다.
　이 책은 시가 관념의 말장난이 아니라 살아있는 체험을 재료로 관련 유사 이미지를 재구성하고 독창적인 시인의 심미감을 감각적으로 형상화 하는 방법을 익히기 위한 실질적인 지침서이다. 이미지 데생 훈련을 통한 형상화 방법을 익힌 다음에는 구체적으로 표현하기 위해 가장 적합한 감각적인 시어를 어떻게 선택하고 배열을 잘하느냐에 따라 감동이 있는 좋은 시가 되기도 하고, 감동이 없는 넋두리 같은 시가 되기도 한다는 사실을 명심해야 할 것이다.

2022. 2. 25 / 山齊에서 김관식 올림

contents

책을 내면서

004 꾸준한 이미지 데생 연습만이 좋은 시창작의 관건

서정시 연습 방법의 개요

012 1. 이미지 데생 연습

013 2. 연극 무대 연출가 가상 무대 배치

014 3. 병치기법

020 4. 이미지 데생 연습 사례

021 5. 연극시(형상화 연습)

026 6. 「산 벚꽃」의 연극시 형상화 사례

038 7. 시의 제목 붙이는 방법

식물 이미지 데생과 형상화(연극시) 구성하기 실습

042 동백꽃 소재 이미지 데생과 형상화(연극시) 구성하기

053 참깨 소재 이미지 데생과 형상화(연극시) 구성하기

067 봄나물 소재 이미지 데생과 형상화(연극시) 구성하기

077 미나리 소재 이미지 데생과 형상화(연극시) 구성하기

086 찔레꽃 소재 이미지 데생과 형상화(연극시) 구성하기

097 한삼덩굴 소재 이미지 데생과 형상화(연극시) 구성하기

107 죽순 소재 이미지 데생과 형상화(연극시) 구성하기

119 갈퀴나물 소재 이미지 데생과 형상화(연극시) 구성하기

130 버드나무 소재 이미지 데생과 형상화(연극시) 구성하기

141 개망초 소재 이미지 데생과 형상화(연극시) 구성하기

152 꽃양귀비 소재 이미지 데생과 형상화(연극시) 구성하기

164 매화나무 소재 이미지 데생과 형상화(연극시) 구성하기

175 탱자나무 소재 이미지 데생과 형상화(연극시) 구성하기

187 청미래덩굴 소재 이미지 데생과 형상화(연극시) 구성하기

198 갈풀 소재로 이미지 데생과 형상화(연극시) 구성하기

202 오리새 소재 이미지 데생과 형상화(연극시) 구성하기

동물 이미지 데생과 형상화(연극시) 구성하기 실습

212 흑염소 소재 이미지 데생과 형상화(연극시) 구성하기

223 박쥐 소재 이미지 데생과 형상화(연극시) 구성하기
236 붕어 소재 이미지 데생과 형상화(연극시) 구성하기
249 파리 소재 이미지 데생과 형상화(연극시) 구성하기
262 민물장어 소재 이미지 데생과 형상화(연극시) 구성하기
274 멧돼지 소재 이미지 데생과 형상화(연극시) 구성하기
286 황소 소재 이미지 데생과 형상화(연극시) 구성하기
301 뻐꾸기 소재 이미지 데생과 형상화(연극시) 구성하기
313 하이에나 소재 이미지 데생과 형상화(연극시) 구성하기
324 민달팽이로 이미지 데생과 형상화(연극시) 구성하기

무생물 이미지 데생과 형상과(연극시) 구성하기 실습
336 산길 소재로 이미지 데생과 형상화(연극시) 구성하기
347 야구공 소재 이미지 데생과 형상화(연극시) 구성하기
359 소금 소재 이미지 데생과 형상화(연극시) 구성하기

370 저자 소개

서정시 연습 방법의 개요

1. 이미지 데생 연습
2. 연극 무대 연출가 가상 무대 배치
3. 병치기법
4. 이미지 데생 연습 사례
   1) 고양이 소재의 이미지 연습 사례
   2) 새 소재의 이미지 연습 사례
5. 연극시(형상화 연습)
6. 「산 벚꽃」의 연극시 형상화 사례
7. 시의 제목 붙이는 방법

1. 이미지 데생 연습

현대시 쓰기에서 이미지 데생 연습은 현대시의 속성을 익히는 매우 중요한 일이다. 많은 시인들이 형상화되지 않는 주관적인 생각들로 시상을 전개하고, 관념을 진술하거나 설명하는 작시법으로 시를 쓰고 있는 시인들이 있다. 그런데, 이런 방법으로 쓴 시는 시가 아니라 자신의 주관적인 생각의 기록일 뿐이다. 시는 반드시 경험을 이미지로, 상상력으로 시상을 전개하고 형상화하여 구체적으로 묘사하고 진술해야 한다. 그렇게 하려면 이미지 데생 연습을 충실히 해야 한다. 이미지 데생은 현대시의 원리에 따른 기초 기본 기능을 익히는 습작방법이기 때문이다. 구체적인 습작법을 제시하면, 날마다 한 가지 식물이나 동물의 이름을 바꿔가며, 정서별 이미지 데생 연습을 한다. 예를 들면, 코스모스, 오동나무, 강아지풀, 고양이, 참새, 바위, 빌딩 등등 동식물이나 무생물 소재를 한 가지씩 선택하여 그림을 그릴 때 기초 데생 연습을 하듯이 꾸준히 연습해야 한다.

　　이미지 데생 연습·1: 제재-도마뱀

① 기쁨: 사자가 죽었다.
　　　　　왕도마뱀이 그것을 보고 침을 질질 흘린다.
② 슬픔: 돌무덤 위에 앉아 비를 맞는다.
③ 고독: 사막의 모래언덕에 오도카니 앉아 있다.
④ 절망: 도마뱀, 절벽을 오르다가 떨어졌다
⑤ 허무: 비늘이 흩어진다. 또 한 해가 갔다.
⑥ 분노: 피를 내뿜는 왕도마뱀

⑦ 공포: 잘린 꼬리 팔딱팔딱

2. 연극 무대 연출가 가상 무대 배치

시창작을 위한 이미지 훈련하고 나서 그중 하나를 선택하여 연극 무대를 설치하는 연출가가 되었다고 가정하고 연극 무대를 배치하고 적절한 시어를 선택하여 다음과 같이 시적인 형상화 연습을 꾸준히 하면, 좋은 시를 쓸 수 있는 기초 기능을 쉽게 익힐 수 있을 것이다.

부엉이

김관식

밤이다
부엉이 운다.
마을 뒷산 병풍바위 위에 앉아있을 게다.
부헝, 부헝, 부헝.
문풍지가 바르르 떤다
으스스
온몸에 소름
이불을 뒤집어쓴다

뒤안의 대숲
댓잎 서걱거리는 소리
등잔불이 흔들거린다

부엉이가 또 우리 집을 찾아 왔는갑다.
갑자기 천장에서 쥐들이 쿵쾅거린다.
쥐오줌 지린내가 방안을 확 풍겨온다
부엉이 또 운다
산마을이 숨죽이고 귀 기울인다
부헝, 부헝, 부헝

　*주인공: 부엉이
　*무대: 공간적 배경-산마을, 대숲이 있는 집 방안
　　　　시간적 배경-겨울밤
　*조명: 등잔불 불빛
　*음향: 부엉이 울음소리, 문풍지 떠는 소리. 대나무
　　　　잎새 소리, 쥐들이 쿵쾅거리는 소리
　*소품: 등잔불, 이불
　*냄새: 쥐오줌 지린내

3. 병치 기법

　병치_(竝置)_는 두 가지 이상을 한 곳에 나란히 배치하는 것을 말한다. 치환 은유는 사물의 형태, 정서, 상징. 행동, 언어 등의 유사성에 의해 한 대상을 다른 대상으로 이동하여 자리바꿈을 하는 것이지만, 병치 은유는 자리 이동이 아니라 함께 놓아두는 방식이다. 두 개 이상의 사물들을 함께 놓아두어서 그것들이 서로 기능함으로써 새로운 의미를 창출하게 하는 것이다. 휠라이트는 병치 은유를 조합이라는 말을 사용했는데, 조합이란 치환 은유처럼 사물들 사이에 유사성에 의한 자리바꿈이 아니라 서로 다른 사물을 나란히 병치시킴으로써 새로운 의미를 창출해내는 '새로운 결합'의 형태를 말한다. 병치 기법을 적용할 때 두 사물간의 유사점을 찾는 방법으로는 첫째, 형태의 유사점→모양의 유사점을 찾는다.
　예) 빌딩-하모니카, 둘째, 정서의 유사점→느낌의 유사점을 찾는다. 셋째, 상징의 유사점→의미의 유사점을 찾는다. 넷째, 행동의 유사점→움직임의 유사점을 찾는다. 다섯째, 언어의 유사점→동음이의어, 발음의 유사점을 찾는다.

　　그대 아는가
　　나의 등판을
　　어깨서 허리까지 길게 내리친
　　시퍼런 칼자욱을 아는가
　　疾走하는 전율과
　　전율 끝에 斷末魔를 꿈꾸는
　　벼랑의 直立
　　그 위에 다시 벼랑은 솟는다
　　그대 아는가
　　石炭紀의 종말을
　　그때 하늘 높이 날으던
　　한 마리 장수잠자리의 墜落을
　　나의 자랑은 自滅이다
　　무수한 複眼들이
　　그 무수한 水晶體가 한꺼번에
　　박살나는 盲目의 물보라
　　그대 아는가
　　나의 등판에 폭포처럼 쏟아지는
　　시퍼런 빛줄기

2億年 묵은 이 칼자욱을 아는가
　　　－이형기의 「폭포」 전문

　이 작품을 부분적으로 보면 병치 은유이지만 작품 전체로 보면 치환 은유가 됨으로써 병치 은유와 치환 은유의 결합형태가 된다. 왜냐하면, "시퍼런 칼자국", "疾走하는 전율", "벼랑의 値立", "石炭紀의 종말", "장수잠자리의 墜落"의 이미지들은 병치은유로 보이지만 전체적으로는 폭포를 비유하고 있기 때문이다.

　예시 1)

　　　　둘이 좋아서 몸을 섞었습니다
　　　　사랑은 젖은 이슬이 되고
　　　　어머니 아닌 처녀 뱃속에서
　　　　사랑을 확인했습니다
　　　　단단히 조여 오는 압박 벨트도
　　　　저희들의 몸부림을 막지는 못했습니다
　　　　남이 볼까 두근두근
　　　　스스로 싹을 틔우고
　　　　세상 밖으로 나왔습니다
　　　　달콤한 사랑도 모두 멈추고
　　　　엄마의 품을 떠나
　　　　영아원의 엿기름이 되었습니다
　　　　이제 사랑도 산산이 부셔져 가루가 되고
　　　　허공으로 흩어져 낯선 나라
　　　　물과 밥알에 섞여 분노를 삭혀왔습니다
　　　　타국 땅에서 밥알로 동동

> 한때 뜨거웠다 차갑게 식어버린
> 미혼모의 젊은 날 한 순간
> 엿 먹은 은혜입니다
> 　　　　　　　– 김관식의 「식혜」

　식혜 빚는 과정과 젊은이들의 사랑과 미혼모들의 출산, 해외 입양으로 보내는 과거 우리나라의 고아 수출이라는 사회병리적인 현상을 전체적으로 병치시켰다.
　따라서 시창작 습작은 정서의 이미지화 기초연습을 날마다 하고, 이어서 묘사 연습 또한 날마다, 그리고 익숙해지면 두 가지 상황을 조합한 병치기법을 연습하면 어느 정도 경지에 이르게 된다.

예시 2)
　아파트 분양
　떴다방
　밀물이 몰려든다

　기회는 이때다
　밀려들 때
　분양받아 웃돈 얹어
　잽싸게 빠져 나와야 한다

　떴다방들 다 빠지고
　어물어물
　썰물인 줄 모르고
　모델하우스 분양사무실
　꾸역꾸역 멸치 떼들이 몰려든다

죽방렴 입성
로도 당첨
환호성을 지르며
펄쩍펄쩍
남해 바다
　　　- 김관식의 「죽방렴」

　죽방렴과 아파트 모델하우스 분양 사무실을 병치시켰다. 밀물 때 물고기들이 바닷물을 따라 왔다가 썰물 때 죽방렴에 갇혀버린 상황과 유사한 신축 아파트 모델하우스 분양 사무실을 차려놓고 떴다방이 극성을 부리는 상황을 병치시켰다.

　예시 3) 기생충의 상징성에 의해 매국노와 병치

평생 동안
떵떵거리며
뜯어먹고 살아왔다

시커먼 뱃속
구린데 붙어서
일진회 앞잡이로
기생파티
능글능글

동족들이
배 움켜쥐고
아파해도

못 본 체했다
실컷 도둑질해
똥구멍으로 자식들을
동경 유학 보냈다

핵폭탄
산토닌 처방 앞에
독립투사 신분 세탁
힘 있는 사람
뱃속에 착 달라붙어
꿈틀꿈틀
대대로 배 채우며
당당하게 살아간다
　　　　　- 김관식의 「기생충」

뱃속에서 양분을 빨아먹는 기생충과 일제 강점기 친일파들이 동족을 속여서 제 잇속을 차렸던 상황을 병치시켰다. 친일파들은 일본의 앞잡이 노릇을 하며 자식들을 동경유학을 보내기도 하고, 나중에 독립투사로 신분 세탁하여 오늘날까지 기생충과 같은 삶을 살고 있는 사회현상을 풍자했다.

예시 4) 언어의 해체, 의미를 바꿔서 병치

나
비다

구름 동동

하늘 떠돌다
되돌아올 줄
정말 몰랐다

팔랑팔랑
꽃을
찾아다닐 때
나를
잊었다

그땐 정말
눈물
흘릴 줄
전혀 몰랐다

비틀비틀
낙하하는
나비
나
비다

　　　　　-김관식의 「나비」

"나비"라는 시어를 해체하면 "나+비"로 "나=자기", "비=하늘에서 내리는 비"로 각각 의미가 분해된다. 이처럼 시어를 해체하면 전혀 다른 의미를 가진 두 시어가 된다. 해체한 두 낱말을 병치시켜 병치하는 방법이다. 이때 두 시어의 의미는 각각 시의 전체 흐름과 유기적으로 밀접한 관련이 형성되어야 하고, 자연스럽게 연결되어야 한다.

4. 이미지 데생 연습 사례

1) 고양이 소재의 이미지 연습 사례
① 슬픔: 마을길 길양이 한 마리 차에 치여 파닥거린다/ 또 한 마리의 길양이가 갑자기 달려와/ 쓰러진 길양이의 몸을 발로 흔들어대고 있다.
② 기쁨: 고양이가 쥐 한 마리 잡아 방안으로 가져왔다/ 내 앞에 물고 던지고 발로 흔들고 까불거렸다// 머리를 쓰다듬어 주었더니/ 골골골 소리를 내며/ 꼬리를 세우고/ 내 몸에 제 몸을 비벼댔다.
③ 공포: 시골 빈집/ 검은 고양이 한 마리/ 눈을 시퍼렇게 뜨고// 날 노려보고 있었다.
④ 분노: 고양이가 방안으로 쥐 한 마리 물고 왔다/ 징그럽게 쥐를 물고 왔다고 자로 때리려고 하니 으르렁거리며/ 내 팔뚝을 발톱으로 할퀴고 달아났다.
⑤ 허무: 쥐약 먹은 쥐를 잡아먹고/ 고양이가 방안에서 나뒹굴다가/ 눈알을 뒤집고 쓰러졌다.
⑥ 고독: 고양이 한 마리가 밤마다 아파트 주위를 맴돌며/ 응애응애 아기 울음소리로/ 잠을 깨운다
⑦ 절망: 올무에 걸린 고양이 한 마리/ 얼마나 몸부림쳤는지 숨을 할딱거리다/ 고개를 힘없이 떨구었다.
⑧ 불안: 고양이를 케이지에 담아/ 이사 갔다.// 새로운 방안에서/ 이리저리 왔다갔다/ 서성거렸다.
⑨ 그리움: 길양이 한 마리 우리 집을 찾아와 서성거렸다// 배가 고파 그러려니 밥을 챙겨주었더니/ 날마다 찾아왔다/ 태풍이 불고 난 후부터/ 발길을 끊었다.

2) 새 소재의 이미지 연습 사례
① 슬픔: 잉꼬새 한 마리/ 죽었다// 짝 잃은 잉꼬새/
　　　　꼼짝하지 않는다-「잉꼬새」
② 기쁨: 곤줄박이/ 좋은 점괘// 야호/ -「곤줄박이」
③ 공포: 솔개 발톱 잡힌/ 오목눈이// 벌벌 떨고 있다-
　　　「오목눈이」
④ 분노: 빼앗긴 고향/ 아파트 자리// 베란다에/ 둥지 틀었다-
　　　「황조롱이」
⑤ 허무: 솔개/ 날개의 깃털을/ 뽑아내다-「솔개」
⑥ 고독: 돛대 끝에/ 앉아// 바다를 바라보는/ 갈매기
　　　한 마리-「갈매기」
⑦ 절망: 달리는 자동차 / 유리창에// 부딪친/ 직박구리//
　　　고개 떨구고 있다-「직박구리」
⑧ 불안: 둥지에서/ 떨어진 아기 물레새// 어쩔 줄 몰라 하는/
　　　어미 물레새-「물레새」
⑨ 그리움: 가을 제비// 제집 마당을/ 빙빙 돈다-「제비」

5. 연극시(형상화 연습)

시의 이미지 훈련하고 나서 그중 하나를 선택하여 연극시로 꾸며서 시적인 형상화 연습을 한다.

　　　운수승雲水僧

　　　　　　　김관식

　　탁발 나간

구름들
고갯마루 성황당 지나간다

늦가을
빈 옥수수 밭
띄엄띄엄
깡마른 옥수수단

밭둑길
서걱거리는
흰 억새꽃
울음 같은 노을

빈 바랑
긴 그림자
어디선가 개 짖는 소리

　*주인공: 운수승
　*무대: 공간적 배경–밭둑길
　　　　시간적 배경–가을 저녁 무렵
　*조명: 노을빛
　*음향: 개 짖는 소리
　*소품: 억새꽃

　운수승은 탁발승과 같은 말이다. 탁발 스님의 고독한 정서를 이미지로 형상화했다. 가장 쓸쓸한 이미지로 공간적 배경과 시간적 배경을 배치했다. 쓸쓸한 공간적 배경으로 "고갯마루 성황당", "빈 옥수수밭", "밭둑길", 시간적 배경으로 "늦가을", "울음 같은 노을", "긴 그림자". 그리고 쓸쓸한 분위기를 자아낼 사물들로는 "띄엄띄엄/깡마른 옥수수단", "서걱거리는/흰 억새꽃", "빈 바랑" 등을 배치했고, 음향으로는 "어디선가 개짖는 소리"를 배치하여 고독한 느낌이 들도록 형상화했다. 특히 탁발승을 운수승으로 시제를 정한 것은 고독한 이미지는 중의 밥을 기탁한다는 뜻을 지닌 탁발승托鉢僧보다는 물과 구름의 이미지를 포함하는 운수승雲水僧이 더 적합하기 때문이다. 운수승은 시의 내용에 구름들. 울음이라는 물과 슬픔의 정서를 최대한으로 살릴 수 있는 시어이다. 이와같이 시어를 선택할 때도 시적 정서를 최대한으로 살릴 수 있는 시어를 선택하듯이 적절한 자리에 그와 관련있는 이미지나 사물을 지칭하는 시어를 배치해야 공감을 유발하는 서정시가 창작된다.

홍어

김관식

나합이 태어났다는 영산포
뱃길이 끊긴 뒤부터
홍어 냄새가 코를 찔렀다.
포구 선창가 냉동 창고마다 항아리 가득한 홍어들
장맛비 질척거리는 홍어의 거리
쥐회색 우산들이 흘러간다
내장에서 갓 꺼낸 홍어애
한 사발의 막걸리
조껍데기 막걸리 한 사발
달그작작한 그 맛
그 맛은 나합을 떠오르게 한다.

부패한 조선 기생 나합을······

*주인공: 홍어, 나합
*무대: 공간적 배경-영산포, 냉동 창고, 항아리
　　　　시간적 배경-여름
*조명: 희미한 조명
*음향: 빗소리, 발걸음 소리
*소품: 우산, 홍어애, 조껍데기 막걸리
*냄새: 홍어 냄새

　영산포는 영산강하구언이 생기기 이전에 목포는 물론 인근의 섬 지역, 흑산도, 임자도, 암태도, 압해도, 비금도, 도초도, 안좌도 등의 해산물과 나주평야의 곡식들과 상거래가 이루어진 포구이다. 우리나라 내륙에 유일한 등대가 있던 곳이기도 하다. 흑산도에서 잡힌 홍어가 영산포구에 도착할 무렵이면 먹기에 좋은 정도로 삭혀져 있어 영산포에서 홍어를 삭혀 재가공하여 거래하는 곳으로 알려진 곳이다. 목포와 삼호를 잇는 하구언둑이 건설된 이후 뱃길이 막힌 뒤에도 외국산 홍어를 수입하여 전국에 공급하는 거래처로 영산포 홍어의 거리는 미식가들이 자주 찾는 지역이다. 이 지역의 역사적인 인물인 조선시대 기생 나합을 홍어와 병치시켜 시상을 전개한 시이다. 나합은 영산포 출신의 기생으로 철종시대 영의정을 세 차례나 할 정도로 권력의 실세인 김죄근의 애첩이 되어 세도를 부렸다. 본래 성씨가 나씨인데 권력의 실세여서 '합하'라는 칭호가 붙어 나합이라고 불렸고, 부패의 상징적인 인물이었다.

6. 「산 벚꽃」의 연극시 형상화 사례
형상화 실습(이미지 데생 연습)

대상물: (√식물, 동물) (산벚꽃)

정서 구분	정서 경험의 이미지화
슬픔	버짐/ 놀림받다. 봄비/ 눈물. 중중모리장단/ 멧새소리
기쁨	산마을 호수가 피어있는 벚꽃, 물총새 날래짓, 바람에 떨어지는 꽃비, 햇살. 비린내
외로움	고독산 외딴집, 혼자사는 산지기 기침소리-까치소리, 코로나 병동
허무	구경꾼 와글와글/ 사진 찍는다. 꽃잎 떨어지니/ 발길 끊겼다-공연 끝난 무대
절망실망	봄비, 봄바람,-벌들이 발길 끊음, 코로나 사회적 거리와 병치
분노	벼랑 끝의 산벚꽃. 겨우 싹 틔우고 뿌리 발, 비바람, 눈보라-휘청, 봄-못 참겠다 분노 폭발
공포	관악산(서울대 상징) 벚꽃, 버찌 주렁주렁, 자식 뒷바라지 부모, 초록잎 빚더미, 가을 낙엽-빚 독촉장, 빈몸뚱이, 겨울바람-회초리(부모의 지식 학비 빚 독촉 공포 병치)
그리움	벚꽃과 뒷산에 묻힌 죽은 어머님 연상, 생전의 어머니 생활모습 드러냄. 벚꽃-어머니가 하고 싶었던 말씀, 저승 어미 안부 덕담
그밖의 정서 : 오만, 혐오(증오), 질투, 경멸, 시기, 불안, 실망, 고통, 사랑, 존경, 기대감, 감사(고마움), 감격, 우월감, 승리감 등	

산 벚꽃(기쁨)

산마을 호숫가

지렁이 길

산 벚꽃 피라미 떼

파르르

물그림자

낭떠러지

둥지에서

물총새 한 마리
날아올랐다

번뜩번뜩
출렁거리는
봄 햇살

살랑 바람
우르르 달려가는
꽃 비늘

비릿한 냄새
물큰 풍겼다

*등장인물: 산 벚꽃, 물총새
*무대: 공간적 배경-산마을 호숫가, 도로변
    시간적 배경-봄
*조명: 햇살
*음향: 물총새 날아오르는 소리, 물결, 바람소리
*소품: 피라미 떼, 물그림자,
*냄새: 비린내

산 벚꽃(슬픔)

산머리
듬성듬성
산 벚꽃 버짐

봄비
훌쩍훌쩍

중중머리
해금 시나위
멧새
울음소리

*등장인물: 산 벚꽃, 버짐, 봄비
*무대: 공간적 배경-산머리
          시간적 배경-봄
*조명: 낮
*음향: 봄비 소리, 해금, 멧새울음

산 벚꽃(허무)

산 벚꽃
구경꾼들
날마다 와글와글

오메!
점점 커지는 눈동자
딱 벌어지는 입

보고 또 보고
찰각찰각

봄바람
꽃잎 모두
떨구어냈다

공연 끝난
무대
발길 끊겼다

　*등장인물: 산 벚꽃, 구경꾼, 봄비
　*무대: 공간적 배경-산
　　　　시간적 배경-봄
　*조명: 낮
　*소품: 핸드폰
　*음향: 탄성

산 벚꽃(분노)

벼랑 끝에
부들부들
이 악물고 살아왔다

산새 똥 흙 수저
바위 틈 비집고
싹 틔우고
겨우겨우 뿌리 발

비바람 눈보라 휘몰아칠 때
휘청거리는
몸뚱이
조마조마

겨우내
참다 참다
더는 못 참겠다
가지마다 한꺼번에
쏟아놓은
하얀 만세 소리

  *등장인물: 산 벚꽃, 산새, 비바람
  *무대: 공간적 배경—산, 절벽
          시간적 배경—봄
  *조명: 낮
  *소품: 산새 똥, 뿌리 발
  *음향: 만세 소리,

산 벚꽃(공포심)

관악산 산자락
꽃잎 다 떨구고
버찌 주렁주렁

오직

자식 위해
검게 탄
부모 속마음

비바람 몰아치는 날
자식들 모두
가지에서 떠나갔다

이제 남은 것은
초록 빚더미만
무성해졌다

가을 되자
빚 독촉장
가진 것
모두 빼앗기고
빈 몸뚱이만 남았다

매서운
겨울 회초리
윙윙윙
눈앞이 캄캄하다

*등장인물: 산 벚꽃, 부모, 비바람
*무대: 공간적 배경–관악산
      시간적 배경–봄, 여름, 가을, 겨울
*조명: 낮

*소품: 버찌, 독촉장, 회초리
*음향: 바람 소리

산 벚꽃(외로움)

고독산 고갯마루
홀아비 산지기집
산벚꽃 흐드러졌다

콜록 콜록
기침소리
까악 까악
까치소리

산지기
산까치
산벚꽃

코로나19
격리 병동
확진자

*등장인물: 산 벚꽃, 산지기, 까치
*무대: 공간적 배경-고독산 고갯마루, 외딴집, 격리 병동
    시간적 배경-봄
*조명: 낮

*음향: 까치 소리, 기침 소리

산 벚꽃(그리움, 사랑)

보고 싶었다
기다렸다

토요일 아침
까치 소리

혹시나
너희들 올까 봐
푸성귀 반찬 장만해놓곤 했다

하루 종일
설레발레
동구 밖 눈길
역시나 였다

살아있을 때
가슴앓이
차마 하지 못 한 말
내가 잠든
산자락에 다 쏟아놓았다

저승 어미

안부 덕담
산 벚꽃이다

*등장인물: 산 벚꽃, 까치, 어머니
*무대: 공간적 배경-시골집, 산
　　　 시간적 배경-봄, 토요일 아침
*조명: 아침
*소품: 무덤, 푸성귀 반찬
*음향: 안부 덕담

산 벚꽃(오만)

추운 겨울
벌벌 떨고 있을 때
아무도 찾아주는
친구 없었다

이제야
하찮던 내가
친구로 보이니?

4월
온 세상
휘어잡고 보니
너희들쯤이야

입 쫙 벌리고
침 질질
쳐다보는 너희들은
이제 조롱거리다

가소로운
산 벚 꽃잎
깔깔깔
날려 보낸다

　*등장인물: 산 벚꽃, 친구
　*무대: 공간적 배경-시골집, 산
　　　　시간적 배경-4월
　*조명: 낮
　*소품: 침
　*음향: 웃음소리

산 벚꽃(증오)

현해탄 건너온 새들
산 벚꽃 퍼뜨렸다

버찌 먹고 똥
이 산 저 산
벚꽃 섬

임진년, 을사년
한반도
말발굽 소리

산 벚꽃
사무라이 설레발

사쿠라
개망나니

*등장인물: 산 벚꽃, 철새, 사무라이, 왜병
*무대: 공간적 배경-우리나라 강토
　　　 시간적 배경-임진년, 을사년
　*조명: 낮
　*소품: 똥
　*음향: 말발굽 소리

산 벚꽃(질투, 시기심)

가지마다
산 벚꽃
송이송이
보는 이들마다
감탄사 연발

온 세상이

내 발밑
우쭐우쭐

정말 눈꼴 사나워
못 봐 주겠다
이제 꽃잎 모두 떨구고
자리 좀 비껴줄래

가지 끝
뽀쪽뽀쪽
새잎
시새움

 *등장인물: 산 벚꽃, 새잎
 *무대: 공간적 배경-산
    시간적 배경-봄
 *음향: 감탄 소리

산 벚꽃(실망)

벚꽃 잔치마당
한창일 때
웬 날벼락인가?
봄비
봄바람
생태적 거리 두고

벌들
발길 끊었다

코로나19
사회적 거리 두기
구경꾼들
발길 끊었다

경자년
벚꽃 잔치
꽃단장
모두 헛물만 켰다

*등장인물: 산 벚꽃, 구경꾼, 벌, 봄비, 봄바람
*무대: 공간적 배경-산
      시간적 배경-경자년 봄
*음향: 감탄 소리

7. 시의 제목 붙이는 방법

소재, 주제, 줄거리 압축, 명사 하나로, ○과○
· 상징적인 것: 주홍글씨, 감자, 계절명, 지명
· 분위기: 달빛 고요
· 매혹적인 것: 안개는 나를 유혹한다.
· 인상적인 것: 압구정동에는 비상구가 없다.
첫째, 내용과 너무 동떨어진 것으로 시제를 잡을 때는 전체 내용을 은유할 수 있는 것이어야 하나 독자의 시선을 끌 수 있는 참신한 시제를 선택하는 것이 좋다.

둘째, 평범하지 않고 특색있는 제목을 택할 것.

셋째, 간결하고 선명할 것.

넷째, 흥미를 끌고 매력적인 것으로 제목을 붙여야 한다.

다섯째, 시제에 절대로 장식적인 꾸미는 말의 형태를 피하라. (국화-아름다운 국화)

여섯째, 상투적인 시어, 관념적인 시어는 제목으로 좋지 않다.

일곱째, 주제가 모두 드러나고 시의 내용을 모두 알아차릴 수 있는 시제는 시제만 보고 독자들은 이미 무엇을 말하려는지 눈치를 챘기 때문에 시를 끝까지 읽지 않는다는 것을 유의하라.

여덟째, 보통 시의 소재를 제목으로 붙이는 것이 일반적이다.

◎ 제목 붙이기의 예시

산골 외딴집
우편함 속 박새가
둥지 틀었어요

도시로 나간
아들 소식
많이 기다렸지요

저희들이 대신
가족이 되어드리지요

손꼽아 기다리는

손주 소식

제 새끼들 보시고

주름살 펴세요

— 김관식의 「우편함 박새」

식물 이미지 데생과
형상화(연극시) 구성하기 실습

동백꽃 소재 이미지 데생과 형상화(연극시) 구성하기

이미지 데생

●슬픔: 강진 백련사 동백 숲, 봄이 오자 겨울에 핀 동백꽃이 떨어졌다. 무수히 땅에 떨어진 꽃송이들, 죽어서도 다시 한 번 꽃을 피워내고 있었다.
●기쁨: 온 세상이 눈으로 덮고 매서운 추위가 몰아쳐도 나는 아랑곳하지 않고 동백꽃을 피워냈다. 겨울 햇살이 나를 반겨주었다.
●허무: 동박새 떠나갔다. 꽃잎을 떨구었다. 동박새와 이별의 입맞춤이 언제였던가?
●공포: 꽃가게 아저씨가 동백나무 가지를 꺾으려고 왔다.
●절망: 동백나무 가지가 꺾여 화환의 장식으로 꽂았다.
●고독: 장례식장 화환으로 왔다. 아무도 찾지 않는 코로나 시대 장례식장
●분노: 꽃집 아저씨 동백나무 가지를 꺾어 화한을 만들어 돈을 받고 잔칫집에 팔아넘겼다. 그 화환을 다시 가져와서, 또 다른 잔칫집에 그대로 또 보냈다. 돈이 좋다지만 너무들 한다. 꺾여서도 두 번 팔려나가는 동백나무 가지들.

형상화(연극시) 구성하기

● 슬픔: 강진 백련사 동백 숲 봄이 오자 겨울에 핀 동백꽃이 떨어졌다. 무수히 땅에 떨어진 동백꽃 죽어서도 다시 한 번 꽃을 피워내고 있었다.

동백꽃(슬픔)

작년 봄
강진 백련사 동백 숲 찾아갔네.

다산 선생
백성들 생각하며
걸었을 산책길

지난 겨울
눈보라 맞고도
활짝 핀 동백꽃 길
동박새처럼 따라 걸어갔었네.

올 봄
다산 선생 다시 찾아뵈러 갔더니
동백꽃 피울음 흘리고 있었네.

땅바닥 떨어져
다시 또 한 번
붉어진 눈시울 치켜뜨고 있었네.

그냥 밟고 지나칠 수 없어서
고양이처럼 살금살금 걸어 나왔네.

*공간적 배경: 강진 백련사
*시간적 배경: 봄
*등장인물: 다산 선생, 동백꽃, 동박새,
*음향: 동박새 울음소리
*소도구: 떨어진 동백꽃

●기쁨: 온 세상이 눈으로 덮고 매서운 추위가 몰아쳐도 나는 아랑곳하지 않고 동백꽃을 피워냈다. 봄 햇살이 나를 반겨주었다.

동백꽃(기쁨)

꽃샘추위
아무리 매서워도

며칠 못 가서
허둥지둥 달아난다는 것을
우린 이미 알고 있었다.

동백꽃 몽오리
예서제서
주먹 불끈불끈

땅바닥 데굴데굴
배꼽 잡고 쏟아내는

깔깔깔 붉은 웃음소리

이른 봄
동백 숲길
봄 햇살
기웃기웃

*공간적 배경: 동백숲
*시간적 배경: 봄
*등장인물: 동백꽃
*음향: 동백꽃 떨어지는 소리
*소도구: 동백꽃몽오리

●허무: 동박새 떠나갔다. 꽃잎을 떨구었다. 동박새와 이별의 입맞춤이 언제였던가?

동백꽃(허무)

이른 봄
동백나무 숲
동박새 찾아왔다.

다짜고짜
제 맘대로
입 맞추고 떠나갔다.

꽃잎

뚝뚝 떨어졌다.

동박새 얄미운 짓도
일기장에 적어두었다.

오래도록 잊지 않기 위해
단단한 씨앗에
꽁꽁 묶어놓았다.

　*공간적 배경: 동백숲
　*시간적 배경: 이른 봄
　*등장인물: 동백꽃, 동박새
　*음향: 동백꽃 떨어지는 소리

● 공포: 꽃가게 아저씨가 동백나무 가지를 꺾으려고 왔다.

　동백나무(공포)

매서운 겨울 추위도
늘 푸른 이파리로
꿋꿋하게 버텨왔다.

함박눈 동백나무 가지에
달라붙어 짓눌렀다.

꽃집 주인
전정가위 들고

동백숲 찾아왔다.

동백나무들
온몸 오들오들
가지에 눈송이 떨구며
눈물 글썽글썽

   *공간적 배경: 동백숲
   *시간적 배경: 봄
   *등장인물: 동백꽃, 꽃집 주인
   *음향: 동백 꽃잎 위의 함박눈이 떨어지는 소리
   *소도구: 전정가위

● 절망: 동백나무 가지가 꺾여 화환의 장식으로 꽂았다.

동백나무(절망)

꽃집 주인은
동백나무 가지
전정가위로 마구 잘라
화물차로 실어갔다.

결혼식장, 장례식장
시상식 등을 축하해주기 위해

잘린 동백나무 가지들
꽃꽂이 화환으로

잔칫집에 초대됐다.

●고독: 동백나무 가지들이 장례식장을 화환으로 찾아갔다. 아무도 찾지 않는 코로나 시대 장례식장 너무 쓸쓸했다.

문상객 맞이(고독)

올 봄
코로나 바이러스로
나이 많고 면역력이 약한 분들
견디지 못하고
저승길 눈 감았다.

장례식
화환 장식으로
상주와 함께
문상객을 맞이했다.

코로나 시대
문상 오는 사람들
드문드문
문상하는 모습
물끄러미 바라보았다.

*공간적 배경: 장례식장
*시간적 배경: 봄
*등장인물: 상주들, 문상객

*음향: 동백꽃 떨어지는 소리
*소도구: 동백꽃 화환

●분노: 꽃집 아저씨 동백나무 가지를 꺾어 화환을 만들어 돈을 받고 잔칫집에 팔아넘겼다. 그 화환을 다시 가져와서, 또 다른 잔칫집에 그대로 또 보냈다. 돈이 좋다지만 너무들 한다. 꺾여서도 두 번 팔려나가는 동백나무 가지들.

동백나무 가지들(분노)

꽃집 아저씨
동백나무 가지 꽂아
화환을 만들었다.

주문받고
잔칫집에 화환을 배달했다.

잔치가 끝난 다음날
꽃집 아저씨
화환을 꽃집으로 다시 가져왔다.

다른 잔칫집
주문받고
글씨만 바꾸고
그대로 배달했다.

동백나무 가지들

잔칫집 순례하고 있었다.

*공간적 배경: 꽃집, 잔치집
*시간적 배경: 잔치가 있는 날
*등장인물: 동백꽃, 꽃집 아저씨
*소도구: 동백꽃 화환

연습 문제·1

● 위의 예시와 같이 동백나무와 관련된 정서체험들 중 슬픔, 기쁨, 허무, 공포, 절망, 고독, 분노, 그리움 등 가장 인상에 남는 정서 하나를 선택하여 이미지 데생을 해보시오. 그리고 이미지 데생을 바탕으로 형상화 구성하기를 실습을 위한 연극시를 완성해보세요.

이미지 데생

●

형상화(연극시) 구성하기

동백나무(   )

*공간적 배경:

*시간적 배경:

*등장인물:

*음향:

*조명:

*소도구:

참깨 소재 이미지 데생과 형상화(연극시) 구성하기

이미지 데생

●슬픔: 참기름집에서 참기름을 짜내고 난 깻묵은 식물의 거름이 되었다. 자식들 뒷바라지하다가 진국이 다 빠져 이제 쓸모가 없어진 김 노인, 품안에 자식이라더니 품을 떠나 얼굴 한번 보기가 힘든 자식들을 생각하면 자랑스럽기도 하지만 한편 자신이 슬퍼졌다.

●기쁨: ① 하얀 방울 모양의 꽃을 피웠다. ② 손수 참깨 농사지은 참깨를 두들겨 털어냈다. 우수수 깨알이 쏟아졌다.

●허무: 가을 참깨는 열매를 모두 털리고 버려졌다.

●공포: ① 참 기름집 뜨거운 불에 달구어진 볶음통에 들어갔다. 앗 뜨거 톡톡 튀쳐나오려고 몸부림해도 튀쳐나올 수 없었다. 점점 뜨거워진다. ② 참깨대가 마당에 말려졌다. 주인은 방망이로 나를 두들기려 했다.

●절망: 볶음통의 불에 볶아졌다. 볶은 참깨들이 가루방아 기계 속으로 들어갔다.

●고독: 참깨 씨앗을 모두 털린 깻단묶음

●분노: ① 씨앗으로 다시 태어나지 못하고 참기름집으로 갔다. 운이 없다. 주인의 선택을 받아 씨앗으로 남겨진 참깨가 부럽다. ② 기름 짜내고 깻묵이 되었다. 쓸모가 없다고 버려졌다.

형상화(연극시) 구성하기

●슬픔: 참기름 집 참기름을 짜고 난 깻묵은 식물의 거름이 되었다. 자식들 뒷바라지하다가 진국이 다 빠져 이제 쓸모가 없어진 김 노인, 품안에 자식이라더니 품을 떠나 얼굴 한번 보기가 힘든 자식들을 생각하면 자랑스럽기도 하지만 한편 자신이 슬퍼졌다.

참깨(슬픔)

깨알 같은 눈물
참기름 집
볶음솥으로 쏟아냈다.

착유기가 깨알을 조여 왔다.
참기름 모두 뺃아냈다.

자식들 서울로 떠나보내고
시골집에 홀로 남아
해마다 참깨 심어왔다.

참깨 볶아 짜낸 참기름은
빈 소주병에 담아서
서울 사는
자식들한테 모두 보냈다.

참깨 껍데기만 버려지듯
참기름 짜내고 깻묵이 버려지듯

농부는 해마다 참깨 농사를 지었다.
시골집 지켰다.

자식들은 음식 요리할 때마다
참기름 쳐놓고
고소한 냄새 코 벌름

농부는
향기 다 빠진 깻묵처럼
빈 시골집 지켰다.

  *공간적 배경: 참기름집, 시골집
  *시간적 배경: 가을 참기름을 짤 때
  *등장인물: 참깨, 참기름, 농부
  *냄새: 참기름 냄새
  *소품: 볶음솥, 소주병

●기쁨: ① 하얀 방울 모양의 꽃을 피웠다.

참깨(기쁨)

산마을
산밭

참깨 밭에
참깨 꽃 활짝

칠월
땡볕

눈부신
햇살 방울
달랑달랑

땀방울
땀 냄새 물큰

씨방 가득
좁쌀 땀띠
차곡차곡

　　*공간적 배경: 산마을 산밭
　　*시간적 배경: 칠월
　　*등장인물: 참깨꽃, 참깨
　　*음향: 방울소리
　　*냄새: 땀 냄새
　　*소품: 볶음솥, 착유기, 소주병

●기쁨: ① 손수 참깨 농사지은 참깨를 두들겨 털어냈다. 우수수 깨알이 쏟아졌다.

　　참기름(기쁨)

　　참깨를 턴다

두들기면
깨알 우수수
튄다튄다튄다

땡볕
땀띠
턴다턴다턴다

신명났다
고소했다

　*공간적 배경: 참깨 밭
　*시간적 배경: 여름
　*등장인물: 농부, 참깨
　*음향: 참깨 터는 소리
　*냄새: 고소한 참기름 냄새
　*소품: 막대기

●허무: 가을 참깨는 열매를 모두 털리고 버려졌다.

참깨(허무)

가을 땡볕
참깨밭
땀띠 덕지덕지

씨방 속에

한데 가두었다

막대기로
두들겨
한꺼번에 쏟았다.

모두 털어낸
깻대, 껍데기
땔감이 되었다.

*공간적 배경: 참깨 밭
*시간적 배경: 여름
*등장인물: 농부, 참깨
*음향: 참깨 터는 소리
*조명: 땡볕
*소품: 참깨대

●공포: ① 참 기름집 뜨거운 불에 달구어진 볶음 통에 들어갔다. 앗 뜨거 톡톡 뛰쳐나오려고 몸부림해도 뛰쳐나올 수 없었다. 점점 뜨거워진다.

참기름 집(공포)

참 기름집
참깨
달구어진
불가마 복음통 속에 넣었다.

불을 지핀다
볶음통
빙글빙글
휘젓는다.

톡톡톡
뜨거뜨거뜨거
길길이 튄다튄다튄다

새까맣게
타들어간다.

땡볕
땀 냄새
방울소리
모두 쏟아낸다.

*공간적 배경: 참기름 집, 볶음통
*시간적 배경: 여름
*등장인물: 참기름 집 주인, 참깨
*음향: 참깨 볶는 소리
*조명: 뜨거운 불
*냄새: 땀 냄새

● 공포: ② 참깨대가 마당에 말려졌다. 주인은 방망이로 나를 두들기려 했다.

참깨 털기(공포)

참깨를 베었다.
단으로 묶어
서로 기대어놓았다.

와르르
씨방 터질 때까지

바짝 마른
참깨 대를
마당 멍석 위에 펴놓았다.

도리깨 들고
몽둥이 들고
덕석말이다.
억울해도
할 수 없다.
미투도 소용없다.

   *공간적 배경: 참깨 밭
   *시간적 배경: 여름
   *등장인물: 농부, 참깨대
   *음향: 참깨 터는 소리
   *소품: 도리깨, 몽둥이, 덕석말이

●절망: 볶음통의 불에 볶아졌다. 볶은 참깨들이 가루방아 기계

속으로 들어갔다.

참기름(절망)

자루에 담겨
참기름 집에 살려왔다.
억울해도 고소도 할 수 없는
애간장 모두 타버린 냄새

볶통 밑에
불꽃이 일어섰다.

볶음통 속에 들어가
까맣게 볶아졌다.

기계 속에 넣어져
참기름 압착기 속으로
들어가 눌러졌다.

피 한 방울 남김없이
모두 쏟아내고
찌꺼기로 남았다.
묵사발이 되었다.

　　*공간적 배경: 참기름 집, 볶음통
　　*시간적 배경: 여름부터 가을사이
　　*등장인물: 참기름 집 주인, 참깨

*음향: 참깨 볶는 소리
　　*소품: 참기름 짜는 기계

●고독: 참깨 씨앗을 모두 털린 깻단묶음

깻단(고독)

모진 고문
못 이기고
참깨알
모두 쏟아냈다.

이제
쓸모없는
쓰레기

꽁꽁 묶여
땔감으로
갈무리 되었다.

　　*공간적 배경: 시골 마당, 참깨 밭
　　*시간적 배경: 여름
　　*등장인물: 농부, 참깨대, 참깨

●분노: ① 씨앗으로 다시 태어나지 못하고 참기름 집으로 갔다. 운이 없다. 주인의 선택을 받아 씨앗으로 남겨진 참깨가 부럽다.

버림받았다(분노)

같은 부모 밑에서
같이 자라왔다.

씨앗으로 선택받아
대를 이어가야 할 텐데

억세게 운이 없다.
참기름 집으로 팔려왔다.

죽어서
고소한들
무슨 소용이 있겠는가?

우린 버림받았다.
우리도 살고 싶다.

　*공간적 배경: 참기름 집
　*시간적 배경: 여름
　*등장인물: 참깨

●분노: ② 기름 짜내고 깻묵이 되었다. 쓸모가 없다고 버려 졌다.

깻묵(분노)

억울해도
고소 한번 못 해보고
기름 한 방울
남김없이
모두 바쳤다.

죽어서도
향기 품어내는
기름은 모두 바치고

빈 씨앗 껍질
눌림 당해
가루 되어 뭉쳤다.

화분 꽃 거름
잉어 떡밥 미끼
죽어서까지
허접한 쓰레기
묵사발 되었다.

*공간적 배경: 시골, 화분
*시간적 배경: 여름
*등장인물: 참깨, 깻묵

연습 문제·2

●위의 예시와 같이 참깨와 관련된 정서체험들 중 슬픔, 기쁨, 허무, 공포, 절망, 고독, 분노, 그리움 등 가장 인상에 남는 정서 하나를 선택하여 이미지 데생을 해보시오. 그리고 이미지 데생을 바탕으로 형상화 구성하기를 실습을 위한 연극시를 완성해보세요.

이미지 데생

●

형상화(연극시) 구성하기

참깨(   )

*공간적 배경:

*시간적 배경:

*등장인물:

*조명:

*음향:

*소도구:

봄나물 소재 이미지 데생과 형상화(연극시) 구성하기

이미지 데생

●슬픔: 도시 빌딩 한 모퉁이 늙은 할머니께서 봄나물을 팔고 계셨다.
●기쁨: 꽃샘추위에도 아랑곳하지 않고 싱싱한 봄나물이 선을 보이고 있었다.
●허무: 봄나물을 한 묶음 사와 냉장고에 넣어두었다. 깜빡 잊고 있다가 꺼내보니 모두 시들어 먹지 못하게 되었다.
●공포: 광대 나물을 알아보고 채취하려고 다가오는 아낙네가 무서웠다.
●절망: 물로 씻어내더니 끓인 물에 넣고 있었다.
●고독: 취나물과 비슷하다고 동의 나물을 채취해간 사람이 동의 나물을 먹고 구급차로 실려 갔다.
●분노: 쑥떡을 해먹고 쑥덕쑥덕 남의 뒷담화를 했다.

형상화(연극시) 구성하기

●슬픔: 도시 빌딩 한 모퉁이 늙은 할머니께서 봄나물을 팔고 계셨다.

봄나물(슬픔)

봄날 오후 퇴근길

사거리 빌딩 모퉁이
주름진 얼굴 실룩실룩
묵은 겨울의 찌꺼기 같이 쭈그려 앉아계시는
노점상 할머니를 보았다.

꾀죄죄한 옷차림
묵은 겨울 찌꺼기 같은 털실목도리
꽃샘바람에 오들오들 떨면서 푸성귀를 내밀었다.
봄동, 냉이, 달래, 씀바귀, 쑥, 민들레…
새 봄 소식 한 묶음씩 듬성듬성 쌓아놓고
오가는 사람들을 힐끔힐끔 쳐다보며
봄을 팔고 계셨다.

봄 달래 한 묶음
어머님 소식
천 원짜리 지폐 두 장 내밀었다.

봄 한 움큼 담긴 비닐봉지 받아들고
콩나물 전동차 파김치 퇴근길
핸드폰 숫자판을 눌러
어머님께 안부 전화드렸다.

　*공간적 배경: 도시 거리
　*시간적 배경: 봄
　*등장인물: 노점상 할머니
　*소도구: 천원 지폐 두 장, 핸드폰, 털실 목도리

●기쁨: 꽃샘추위에도 아랑곳하지 않고 싱싱한 봄나물이 선을 보이고 있었다.

봄나물(기쁨)

봄이다
잠에서 깨어났다.
눈이 부셨다.

여린 손 내밀었다.
봄 햇살이
손잡아 이끌어주었다.

꽃샘바람이 미적미적
겨울 추위를
데불고 왔다.

아무리
훼방 놓아도
봄나물 우리 세상이다.

　*공간적 배경: 도시 거리
　*시간적 배경: 봄
　*등장인물: 노점상 할머니
　*소도구: 천원 지폐 두 장, 핸드폰, 털실 목도리

●허무: 봄나물을 한 묶음 사와 냉장고에 넣어두었다. 깜빡 잊고

있다가 꺼내보니 모두 시들어 먹지 못하게 되었다.

봄나물 시들다(허무)

시장마다
봄나물이 가득
봄소식을 판다.

냉이, 참나물, 돌나물, 씀바귀, 취나물
한 묶음 사왔다.

냉장고에
쌓아놓고 깜빡했다.
봄이
시들시들
풀이 죽어 있었다.

    *공간적 배경: 시장, 냉장고 안
    *시간적 배경: 봄
    *등장인물: 냉이, 참나물, 돌나물, 씀바귀, 취나물

●공포: 광대 나물을 알아보고 채취하려고 다가오는 아낙네가 무서웠다.

광대나물(공포)

밭둑마다

봄소식

잎
층층
불탑으로 쌓아놓았다.
나무아미타불

봄빛 반짝반짝
광대짓

봄나물 캐는 아주머니들
바구니 옆에 놓고
나물 칼 들이댔다.

　*공간적 배경: 시골 밭둑
　*시간적 배경: 봄
　*등장인물: 광대나물, 시골 아낙네

●절망: 비 온 뒤 고사리가 어린 손을 내밀었다. 사람들이 고사리를 꺾어갔다.

고사리(절망)

봄비가 내린다.
산비탈 고사리 밭
고사리가 쏙쏙
손 내밀었다.

또르르
아기 손
주먹 쥐었다.

잼잼잼
아낙네들 고사리 밭
찾아왔다.

　*공간적 배경: 산비탈 고사리 밭
　*시간적 배경: 봄
　*등장인물: 고사리 순

●고독: 취나물과 비슷하다고 동의나물을 채취해간 사람이 동의나물을 먹고 119 구급차로 실려 갔다.

동의나물(고독)

취나물 꼭 닮은 동의나물
취나물로 잘 못 알고
막무가내 무작정 채취해갔다.

살짝 데쳐
나물로 무쳐 먹고
119 구급차로 실려 갔다.

나를 지키기 위해
독 품었다.

동의도 없이
함부로 봄나물
캐내지 말아다오.

　*공간적 배경: 산→병원
　*시간적 배경: 봄
　*등장인물: 동의나물

● 분노: 쑥떡을 해먹고 쑥덕쑥덕 남의 뒷담화를 했다.

쑥(분노)

단군신화에도
나온 나는 쑥이다

호랑이가
백일을 버티지 못했다,

삼천리 금수강산
어디든지
쑥쑥
배고픈 사람들이
먹어도 뒤탈이 없었다.

쑥으로 떡 해 먹고
고맙다는 말 한마디 없이
쑥덕쑥덕

제 허물 못 보고
이웃들 뒷담화 해댔다.

*공간적 배경: 삼천리 금수강산
*시간적 배경: 봄
*등장인물: 쑥, 이웃들
*음향: 수군대는 소리

연습 문제·3

● 위의 예시와 같이 봄나물과 관련된 정서체험들 중 슬픔, 기쁨, 허무, 공포, 절망, 고독, 분노, 그리움 등 가장 인상에 남는 정서 하나를 선택하여 이미지 데생을 해보시오. 그리고 이미지 데생을 바탕으로 형상화 구성하기를 실습을 위한 연극시를 완성해보세요.

이미지 데생

●

형상화(연극시) 구성하기

봄나물(   )

*공간적 배경:

*시간적 배경:

*등장인물:

*음향:

*조명:

*소도구:

미나리 소재 이미지 데생과 형상화(연극시) 구성하기

이미지 데생

● 슬픔: 듣기 좋은 이름 미나리라고 불러주더니 줄기를 뻗으면 모두 잘려나갔다.
● 기쁨: 내 이름을 딴 "미나리" 영화에 출연한 윤여정이 제93회 미국 아카데미 시상식에서 여우조연상을 받았다는 소식을 들었다.
● 허무: 청도 미나리라고 뻐기면서 살아왔다. 한 번도 꽃을 피우지도 못하고 줄기가 잘려나갔다.
● 공포: 미나리꽝 겨울 얼음 속에도 참고 기다렸다. 봄이 와 이제 살 것 같다고 생각했는데 장화 신은 아주머니들이 낫을 들고 왔다.
● 절망: 미나리꽝을 없애고 아파트를 세운다고 덤프트럭이 흙을 싣고 와 우리들을 덮쳤다.
● 고독: 묵정밭에서 자라났다. 아무도 찾아오지 않는다.
● 분노: 줄기를 뻗으면 잘려나가 팔려갔다. 우리들을 내버려두지 않는다. 그러다가 뿌리째 뽑아갔다.

형상화(연극시) 구성하기

● 슬픔: 애써 줄기를 뻗으면 모두 잘려나갔다.

미나리(슬픔)

봄
미나리꽝

줄기 쭉쭉

뿌리만 있으면 다시 살아난다고
듣기 좋은 이름
美나리
'아름다운 나리'라고 추켜주었다.

하지만 줄기 뻗었다 하면
싹둑 잘렸다.

*공간적 배경: 미나리꽝
*시간적 배경: 봄
*등장인물: 미나리
*소도구: 낫

●기쁨: 내 이름을 딴 '미나리'라는 좋은 이름 때문에 미나리 영화에 출연한 윤여정이 제93회 미국 아카데미 시상식에서 여우조연상을 받았다는 소식을 들었다.

미나리(기쁨)

미국에서 살아가는
한국인 가족 이야기

내 이름 영화 제목
'미나리'
미국에서 눈길 끌었다.

출연한 배우
영국 아카데미
여우조연상 받았다.

어디서든지 잘 자라는
미나리 이름 때문

　*공간적 배경: 미국
　*시간적 배경: 미나리 영국 아카데미 수상 무렵
　*등장인물: 미나리, 출연 배우

●허무: 청도 미나리라고 뻐기면서 살아왔다. 한 번도 꽃을 피우지도 못하고 줄기가 잘려나갔다.

미나리(허무)

청도 미나리 명성으로
우쭐대며 살아왔다.

왕십리 미나리
남원 미나리
청도 미나리 명성

이름은 알려졌지만
꽃 한번 제대로
피워본 적 없었다.

뿌리는 그대로
줄기만 잘렸다.

청도라는 이름표 달고
시장으로 팔려갔다.

　*공간적 배경: 왕십리, 남원, 청도
　*시간적 배경:
　*등장인물: 미나리

● 공포: 미나리꽝 겨울 얼음 속에도 참고 기다렸다. 봄이 와 이제 살 것 같다고 생각했는데 장화 신은 아주머니들이 낫을 들고 왔다.

미나리(공포)

겨울
미나리꽝
꽁꽁 얼어붙었다.

얼음장 뚫고
시퍼렇게 눈 뜨며
봄이 오길
참고 기다렸다.

봄이 오자
기지개 켜며

이제야 살 것 같다
생각했는데,

장화 신고 낫 든
아주머니들
미나리꽝으로 들어왔다.

콩닥콩닥
가슴이 마구 뛰었다.

　*공간적 배경: 미나리꽝
　*시간적 배경: 봄
　*등장인물: 미나리꽝, 장화신은 아주머니
　*소도구: 얼음장
　*음향: 심장 박동 소리

●절망: 미나리꽝을 없애고 아파트를 세운다고 덤프트럭이 흙을 싣고 와 우리들을 덮쳤다.

미나리(절망)

왕십리 미나리꽝
빌딩, 도로로 변했다.

도시 변두리
미나리꽝

아파트 공사
한창이다.

흙 실은
덤프트럭 왔다갔다

미나리꽝
흙더미 퍼 부었다.

　*공간적 배경: 도시 변두리 미나리꽝
　*시간적 배경: 봄
　*등장인물: 덤프트럭 기사

● 고독: 묵정밭에서 자라났다. 아무도 찾아오지 않는다.

미나리(고독)

묵정밭
미나리

줄기 뻗었다
미나리 꽃 활짝

아무도
찾는 사람 없었다.

　*공간적 배경: 묵정밭

*시간적 배경: 봄
*등장인물: 미나리

●분노: 줄기 뻗었다 하면 잘려나가 시장으로 팔려갔다. 우리들을 내버려두지 않는다. 미나리 주인이 미나리 농사를 그만 짓겠다고 뿌리째 뽑았다.

미나리(분노)

미나리꽝
미나리들
줄기 자라면
곧바로 잘려나갔다.

다시 자라면
다시 또 잘렸다.
자라면 되풀이
곧바로 잘렸다.

미나리 농사 그만둔 농부
미나리 뿌리째 뽑아냈다.

*공간적 배경: 미나리꽝
*시간적 배경: 봄
*등장인물: 농부, 미나리

시정시 이렇게 쓰면 쉽게 쓸 수 있다 83

연습 문제 · 4

●위의 예시와 같이 미나리와 관련된 정서체험들 중 슬픔, 기쁨, 허무, 공포, 절망, 고독, 분노, 그리움 등 가장 인상에 남는 정서 하나를 선택하여 이미지 데생을 해보시오. 그리고 이미지 데생을 바탕으로 형상화 구성하기를 실습을 위한 연극시를 완성해보세요.

이미지 데생

●

형상화(연극시) 구성하기

미나리(   )

*공간적 배경:

*시간적 배경:

*등장인물:

*음향:

*조명:

*소도구:

찔레꽃 소재 이미지 데생과 형상화(연극시) 구성하기

이미지 데생

- ●슬픔: 배가 고파 찔레 순을 꺾으려는 아이의 손이 가시에 찔렸다. 나를 보호하기 위해서 가시를 달고 있다. 내가 좋아 가까이 다가오는 사람을 가시로 찌르지 않으면 안 된다.
- ●기쁨: 사월이면 향기가 좋다고 벌들이 날아왔다. 찰각찰각 나를 배경으로 셔터를 눌려대는 사람이 많다.
- ●허무: 꽃잎이 모두 떨어졌다. 그렇게 많은 사람들이 관심을 갖더니 아무도 나를 거들떠보는 사람이 없다.
- ●공포: 밭둑 찔레 밭주인 찔레 그늘로 밭에 심은 작물이 잘 자리지 않는다고 낫을 들고 다가와 찔레를 베어냈다.
- ●절망: 태양광 전기 시설을 한다고 포클레인이 꽃핀 찔레 뿌리째 뽑아냈다.
- ●고독: 오싹오싹 음침한 성황당 모퉁이 찔레꽃 피었다. 기와집 꼬부랑 할머니 아침마다 찾아왔다. 올해는 보이지 않는다. 아무도 찾지 않는다.
- ●분노: 밭둑이 무너지지 않게 찔레 뿌리로 뻗어 지켜주었다. 밭주인 찔레 순을 꺾어갔다. 찔레 줄기 무성하게 뻗었다. 밭주인 꽃향기 좋다고 코를 벌름거리면서 찔레꽃을 보면 이 밭에서 평생 일하며 고생하다 돌아가신 어머니가 생각난다고 했는데, 올해부터 갑자기 이상해졌다. 지나갈 때마다 걸리적거린다고 낫을 들고 내 몸을 잘라냈다.

형상화(연극시) 구성하기

●슬픔: 배가 고파 찔레 순을 꺾으려는 아이의 손이 가시에 찔렸다. 나를 보호하기 위해서 가시를 달고 있다. 내가 좋아 가까이 다가오는 사람을 가시로 찌르지 않으면 안 된다.

찔레꽃 가시(슬픔)

사월
산마을 밭둑 언덕
찔레꽃 향기 물씬물씬
여린 찔레 순 쑥쑥

덕지덕지
가시 달고
순 지켰다.
꽃 지켰다.

보릿고개
배고픈 아이
찔레 순 툭툭

아이의 손가락
가시 내밀어 찔렀다.

붉은 피
방울방울

내 몸에 손대지 마라
가시 찔려 피 본다.

*공간적 배경: 산마을 밭둑 언덕
*시간적 배경: 사월
*등장인물: 찔레 순
*소도구: 붉은 피

●기쁨: 사월이면 향기가 좋다고 벌들이 날아왔다. 찰칵찰칵 나를 배경으로 셔터를 눌러대는 사람이 많다

찔레꽃 모델(기쁨)

섬진강 길섶
군데군데
찔레꽃 피었다.

사월 봄비
찔레꽃 향기
비눗방울 동동

비 그치자
벌 윙윙
나비 팔랑팔랑

승용차 몰고 온
나들이 가족들

찔레꽃 모델 옆에 서서
셀카 봉 내밀고
찰각찰각

찔레꽃 향기
물큰물큰

　*공간적 배경: 섬진강 길섶
　*시간적 배경: 사월 봄비 내리는 날
　*등장인물: 찔레꽃, 벌, 나비, 화자
　*음향: 셀카 사진 찍는 소리
　*소도구: 승용차, 셀카

●허무: 꽃잎이 모두 떨어졌다. 그렇게 많은 사람들이 관심을 갖더니 아무도 나를 거들떠보는 사람이 없다.

찔레꽃 지다(허무)

산마을
봄소식
찔레꽃 만발

찔레찔레
꽃보라
휘날렸다.

윙윙 꿀벌

날갯짓 멈췄다.

찰칵찰칵
셔터소리 그쳤다.

*공간적 배경: 산마을
*시간적 배경: 봄
*등장인물: 꿀벌, 화자
*소도구: 핸드폰

●공포: 밭둑 찔레 밭주인 찔레 그늘로 밭에 심은 작물이 잘 자리지 않는다고 낫을 들고 다가와 찔레를 베어냈다.

찔레 그늘(공포)

산마을 산밭 밭둑
찔레 가지 여기저기 쭉쭉

밭에 심은
감자, 파, 상추……
봄 햇살
그늘 가려져 비실비실

밭주인
낫 들고 다가왔다.
찔레 가지
뚝뚝 마구 잘라냈다.

*공간적 배경: 산마을 산밭 밭둑
*시간적 배경: 봄
*등장인물: 밭 주인
*소도구: 낫

●절망: 태양광 전기 시설을 한다고 포클레인이 꽃핀 찔레 뿌리째 뽑아냈다.

찔레 뿌리째 뽑혔다(절망)

시골 마을
빈 땅

포클레인
찔레 뿌리째 뽑아냈다.

그 자리
태양광 발전
패널 들어섰다.

찔레꽃 향기 대신
전깃불 반짝반짝

*공간적 배경: 시골 마을 빈 땅
*시간적 배경: 사월
*등장인물: 찔레
*소도구: 포클레인, 태양광 발전 패널

●고독: 오싹오싹 음침한 성황당 모퉁이 찔레꽃 피었다. 기와집 꼬부랑 할머니 아침마다 찾아왔다. 올해는 보이지 않는다. 아무도 찾지 않는다.

찔레꽃(고독)

해마다 오월이 오면
호미골 성황당 모퉁이
찔레꽃 활짝 피었다.

꽃향기 맡고
수많은 벌들이 날아들었다.
윙윙윙
고압선 소리 들려왔다.

성황당 아랫집
꼬부랑 할머니
아침마다 지팡이 흔들흔들
찔레꽃 찾아와 꽃향기 맡고 갔다.

가물가물 팔십년대
찔레꽃대 엉켜 붙은 장미 줄기
가시 찔린 아들 생각
눈시울 붉히며
홀짝홀짝 뻐꾸기 울었다.

코로나 바이러스 오월

꼬부랑 할머니
찔레꽃 향기 물큰거렸지만
꼬부랑 할머니
볼 수 없었다.

*공간적 배경: 호미골 성황당
*시간적 배경: 오월
*등장인물: 꼬부랑 할머니, 벌떼, 찔레꽃
*음향: 뻐꾸기 울음소리
*소도구: 지팡이

●분노: 밭둑이 무너지지 않게 찔레 뿌리로 뻗어 지켜주었다. 밭주인 찔레 순을 꺾어갔다. 찔레 줄기 무성하게 뻗었다. 밭주인 꽃향기 좋다고 코를 벌름거리면서 찔레꽃을 보면 이 밭에서 평생 일하며 고생하다 돌아가신 어머니가 생각난다고 했는데, 올해부터 갑자기 이상해졌다. 지나갈 때마다 걸리적거린다고 낫을 들고 내 몸을 잘라냈다.

찔레 베어지다(분노)

산마을
산비탈 밭둑
찔레 뿌리 얼키설키 뻗었다.

장맛비 빗물에
흙더미 씻겨나가지 않게
찔레 뿌리들이 꽉 붙잡아주었다.

봄마다
꽃향기 풀풀
땀 냄새 막아주었다.

밭주인
찔레꽃 향기
코 벌름벌름
어머니 생각

찔레 가지
마구 뻗었다.
주인의 바짓가랑이 잡아당겨주었다.

밭주인
고개 살래살래
낫 들고 찔레 가지 싹둑싹둑
어머니 생각 모조리 잘라냈다.

　　*공간적 배경: 산마을 산비탈 밭둑
　　*시간적 배경: 봄 장맛비 그친 뒤
　　*등장인물: 찔레, 밭주인
　　*소도구: 낫

연습 문제·5

●위의 예시와 같이 찔레꽃과 관련된 정서체험들 중 슬픔, 기쁨, 허무, 공포, 절망, 고독, 분노, 그리움 등 가장 인상에 남는 정서 하나를 선택하여 이미지 데생을 해보시오. 그리고 이미지 데생을 바탕으로 형상화 구성하기를 실습을 위한 연극시를 완성해보세요.

이미지 데생

●

형상화(연극시) 구성하기

찔레꽃(   )

*공간적 배경:
*시간적 배경:
*등장인물:
*음향:
*조명:
*소도구:

한삼덩굴 소재 이미지 데생과 형상화(연극시) 구성하기

이미지 데생

●슬픔: 시골 빈집 마당에 한삼덩굴이 집을 지키고 있다. 덩굴마다 까끌까끌 잔가시 품고 사방으로 덩굴을 다른 풀들을 붙잡고 기어오르고 있었다. 집 주인이 돌아왔다. 마당의 잡초들을 모두 뽑아냈다.

●기쁨: 가을 씨앗들이 새들에게 먹혔다. 널리 퍼뜨리기 위함이다.

●허무: 빈 시골집 한삼덩굴 무성했다. 이웃집 농부가 한삼덩굴 위에 분무기로 제초제를 뿌렸다. 모퉁이에 기둥을 붙잡고 있는 나만 겨우 살아남았다. 그러나 분무기로 제초제를 맞은 한삼들은 모두 시들시들 죽었다.

●공포: 한삼덩굴이 엉켜있는 빈집에 굴착기가 왔다. 보기 흉하다고 철거하기 위해서였다.

●절망: 시골 빈집 굴착기가 왔다. 빈집을 허물고 빈 땅을 파헤쳐 보기 좋게 정리 작업을 시작했다.

●고독: 공원 쉼터 정자 사철나무 울타리 사이 청소부의 눈에 띄지 않아 겨우 살아남은 한삼덩굴 한 그루 사철나무 붙잡고 기어올라 산책길 사람들을 바라보고 있었다.

●분노: 덩굴을 걷어내고 있었다. 독을 품은 가시로 농부의 손등을 마구 할퀴었다. 농부의 손들에 풀독이 올랐다.

형상화(연극시) 구성하기

●슬픔: 시골 빈집 마당에 한삼덩굴이 집을 지키고 있다. 덩굴

마다 까끌까끌 잔가시 품고 사방으로 덩굴을 다른 풀들을 붙잡고 기어오르고 있었다. 집 주인이 돌아왔다. 마당의 잡초들을 모두 뽑아냈다.

빈집 저희들이 지켜드릴게요(슬픔)

시골 빈집
척 보면 압니다.
전 한삼덩굴이니까요.

잠시나마
빈집 저희들이 지켜드릴게요.

이미 잡초들이
자리 잡았네요.

까끌까끌 잔가시로
키 큰 잡초 붙잡아놓겠어요.

집 주인 돌아오면
우리들도 자리를 비워드려야 하니까요.

*공간적 배경: 시골 빈집
*시간적 배경: 빈집 주인이 돌아올 때
*등장인물: 한삼덩굴, 잡초, 집 주인

●기쁨: 가을 씨앗들이 새들에게 먹혔다. 널리 퍼뜨리기 위함

이다.

씨앗은 새들을 위해(기쁨)

남 못 살게 굴었다고
우리들을 미워하지 마세요.

키 큰 나무
붙잡고 올라야
더 높이 오르지 않겠어요.

겨우내
새들을 위해
기꺼이 제 씨앗 남겨놓겠어요.

새들이
굶주린 배 채우고
봄이 되면
한삼 씨앗 고마움
널리 퍼뜨려 주지 않겠어요.

*공간적 배경: 시골 마을
*시간적 배경: 가을에서 겨울까지
*등장인물: 한삼덩굴, 새

●허무: 빈 시골집 한삼덩굴 무성했다. 이웃집 농부가 한삼덩굴 위에 분무기로 제초제를 뿌렸다. 모퉁이에 기둥을 붙잡고 있는 나

만 겨우 살아남았다. 그러나 분무기로 제초제를 맞은 한삼들은 모두 시들시들 죽었다.

한삼덩굴(허무)

빈 시골집
한삼덩굴 독차지

우리들 세상이다
누구든지 덤빌 테면 덤벼 봐라
잔가시로 마구 훑켜 놓을 테다.

보다 못한 이웃집 농부가
분무기 짊어지고 와
한삼덩굴 위에 제초제를 뿌려댔다.

이삼일 지나자
한삼덩굴이 누렇게 변했다.

토방 모퉁이
한삼덩굴 한 그루
제초제 맞지 않았다.
기둥 붙잡고 겨우 일어나보니
모두들 비실비실 누웠다.

딱 한 번의 분무질로
한삼덩굴 힘없이 쓰러졌다.

*공간적 배경: 시골 빈집 토방
*시간적 배경: 제초제를 뿌릴 때
*등장인물: 한삼덩굴, 이웃집 농부
*소도구: 제초제

●공포: 한삼덩굴이 엉켜있는 빈집에 굴착기가 왔다. 보기 흉하다고 철거하기 위해서였다.

한삼덩굴(공포)

가을
시골 빈집
굴착기 들어섰다.

여기저기 치렁치렁
잡초 붙잡고 기어올라선
한삼덩굴
가슴 두근두근

닥치는 데로
시골 집
허물었다.

*공간적 배경: 시골 빈집
*시간적 배경: 가을
*등장인물: 한삼덩굴, 잡초
*소도구: 굴착기

●절망: 시골 빈집 굴착기가 왔다. 빈집을 허물고 빈 땅을 파헤쳐 보기 좋게 정리 작업을 시작했다.

한삼덩굴(절망)

시골 빈집
굴착기가 왔다.
땅을 파헤쳤다.

보기 흉한
시골 집
정리 작업

한삼덩굴
흙속에 파묻혔다.

*공간적 배경: 시골 빈집
*시간적 배경: 가을
*등장인물: 한삼덩굴
*소도구: 굴착기

●고독: 공원 쉼터 정자 사철나무 울타리 사이 청소부의 눈에 띄지 않아 겨우 살아남은 한삼덩굴 한 그루 사철나무 붙잡고 기어올라 산책길 사람들을 바라보고 있었다.

한삼덩굴(고독)

공원
쉼터 정자 옆
한삼덩굴

청소부들에게
모두 뽑혔다.

사철나무 울타리 모퉁이
한삼덩굴 한 그루
살아남았다.

사철나무 붙잡고
혼자 기어올라
산책길 쉼터 앉아 쉬는
사람들을 바라보고 있었다.

*공간적 배경: 공원 정자 옆 사철나무 울타리
*시간적 배경: 여름에서 가을 사이
*등장인물: 한삼덩굴, 청소부, 산책하는 사람들
*소도구: 호미

● 분노: 덩굴을 걷어내고 있었다. 독을 품은 가시로 농부의 손등을 마구 할퀴었다. 농부의 손들에 풀독이 올랐다.

한삼덩굴의 복수(분노)

농부가 한눈 파는 사이

밭에 숨어들었다.

재빨리
뿌리 뻗고
줄기 사방으로 마구 뻗었다.

농부가 뒤늦게 알고
한삼덩굴 거두어냈다.

까끌까끌 잔가시로 버티다가
농부의 몸을 마구 붙잡았다.
농부의 손등
잔가시로 할퀴었다.

농부 손등
우둘투둘 두드러기 돋았다.

　*공간적 배경: 시골 밭
　*시간적 배경: 여름에서 가을사이
　*등장인물: 한삼덩굴, 농부

연습 문제 · 6

●위의 예시와 같이 한삼덩굴과 관련된 정서체험들 중 슬픔, 기쁨, 허무, 공포, 절망, 고독, 분노, 그리움 등 가장 인상에 남는 정서 하나를 선택하여 이미지 데생을 해보시오. 그리고 이미지 데생을 바탕으로 형상화 구성하기를 실습을 위한 연극시를 완성해보세요.

이미지 데생

●

형상화(연극시) 구성하기

한삼덩굴(   )

*공간적 배경:

*시간적 배경:

*등장인물:

*음향:

*조명:

*소도구:

죽순 소재 이미지 데생과 형상화(연극시) 구성하기

이미지 데생

● 슬픔: 담양 죽녹원, 죽순이 쑥쑥 돋아나자마자 뽑혔다.
● 기쁨: ① 한국대나무박물관에 대나무의 다양한 쓰임을 보여주고 있었다. ② 죽녹원을 찾아온 손님들이 대나무가 곧게 자라 선비의 절개라고 칭찬했다.
● 허무: 태풍이 불어왔다. 사각사각 연신 굽히며 겨우 살아났다.
● 공포: 죽순을 분질러지는 소리가 점점 가까이 들려온다.
● 절망: 바로 내 앞에 발자국이 멈췄다. 내 몸뚱이를 잡고 힘을 주었다.
● 고독: 오후 세 시 비둘기가 찾아와 대나무 가지 위에 앉았다. 그런데 어느 날부터 비둘기들이 찾아오지 않았다.
● 분노: ① 대나무 뿌리 뻗어나갔다. 그러나 남의 땅을 침범했다고 뿌리가 잘려나갔다. ② 오월 오후 세 시 무렵이면, 날마다 비둘기들이 날아왔다. 낮잠을 자기 위해서였다. 그런데 비둘기들이 똥을 쌌다. 죽순 위에 비둘기 똥이 쌓여갔다. 오늘은 주인이 다가와 내 몸을 잡고 비틀었다. 뚝뚝 몸이 부러졌다.

형상화(연극시) 구성하기

● 슬픔: 담양 죽녹원, 죽순이 쑥쑥 돋아나자마자 뽑혔다.

죽녹원 죽순(슬픔)

담양 죽녹원 울타리 비집고

죽순 돋았다.

날마다
찾아오는 관광객 발길
숨을 수도 없었다.

관리인들이
돋자마자
툭툭 분질렀다.

  *공간적 배경: 담양 죽녹원
  *시간적 배경: 봄
  *등장인물: 죽순, 관리인, 광광객

●기쁨: ① 한국대나무박물관에 대나무의 다양한 쓰임을 보여 주고 있었다.

한국대나무박물관(기쁨)

대나무 생활용품
플라스틱으로 바꿔졌다.

대나무 쓸모
사라졌다.

담양에서는
대나무가 잘 자랐다.

담양
대나무 명성

한국대나무박물관으로
모두 들어갔다.

　*공간적 배경: 한국대나무박물관
　*시간적 배경: 연중
　*등장인물: 대나무, 죽제품

●기쁨: ② 죽녹원을 찾아온 손님들이 대나무가 곧게 자라 선비의 절개라고 칭찬했다.

대나무 상징(기쁨)

사군자 중에
대나무가 있다.

거짓 없이 외길 걷는
선비 모습
대나무와 견주었다.

죽녹원 찾아온 사람들
대숲 풍경 보고
입 벌어졌다.

사철 곧게 자라

초록 잎 서걱대는
대나무들 보고
선비 얼 되새겼다.

   *공간적 배경: 담양 죽녹원
   *등장인물: 대나무, 죽녹원 찾아온 손님들
   *소도구: 사군자 그림

● 허무: 태풍이 불어왔다. 사각사각 연신 굽히며 겨우 살아났다.

태풍(허무)

여름
대숲에
태풍 불어왔다.

휘청휘청
온몸으로 맞이했다.

태풍 잠잠할 때까지
댓잎
수런수런
허리 굽혀 인사했다.

제발제발
그만그만

태풍 그치자
본래대로 돌아왔다.

   *공간적 배경: 대숲
   *시간적 배경: 여름, 태풍이 불 때
   *등장인물: 대나무

●공포: 죽순을 분질러지는 소리가 점점 가까이 들려온다.

죽순(공포)

봄
대숲
죽순 쏙쏙

바스락바스락
뚝뚝
대숲 들어와
죽순 부러뜨리는 소리

발자국 소리
가까이 다가오고 있다.
콩닥콩닥
가슴 두근두근

   *공간적 배경: 대숲
   *시간적 배경: 봄

*등장인물: 죽순, 대숲에 들어오는 사람
*음향: 죽순 부러지는 소리, 바스락거리는 소리

●절망: 바로 내 앞에 발자국이 멈췄다. 내 몸뚱이를 잡고 힘을 주었다.

죽순(절망)

대숲
한가운데
고깔모자 쓰고
조심조심 일어섰다.

뚝뚝
죽순 부러지는 소리
가까워졌다.

사박사박
대숲 걸어오는 발자국 소리
내 앞에 멈췄다.

내 몸을
잡는 손
눈앞이 깜깜했다.

*공간적 배경: 대숲
*시간적 배경: 봄

*등장인물: 죽순, 대숲에 들어온 사람

●고독: 오후 세 시 비둘기가 찾아와 대나무 가지 위에 앉았다. 그런데 어느 날부터 비둘기들이 찾아오지 않았다.

죽순(고독)

가을철
대숲에는
오후 세 시쯤
비둘기들이 날아들곤 했다.

대나무 가지 위에
앉았다 가곤 했다.

어느 날부터
비둘기들이 찾아오지 않았다.

이슬람교도들
라마단 기간
끝났나 보다.

　　*공간적 배경: 대숲
　　*시간적 배경: 가을 오후 세 시
　　*등장인물: 죽순, 비둘기
　　*음향: 비둘기 대숲에 앉는 소리

●분노: ① 대나무 뿌리 뻗어나갔다. 그러나 남의 땅을 침범했다고 뿌리가 잘려나갔다.

죽순(분노)

대나무 밭
사방팔방으로
뿌리 마구 뻗어 나아갔다.

내 땅 네 땅
구분하지 않았다.
먼저
뿌리 뻗으면
그만이었다.

이웃집 땅
뿌리 파고 들었다고
이웃집 주인
곡괭이로 내리쳐
대나무 뿌리 잘라냈다.

*공간적 배경: 대나무 밭
*시간적 배경: 연중
*등장인물: 대나무, 이웃집 주인
*소도구: 곡괭이

●분노: ② 오월 오후 세 시 무렵이면, 날마다 비둘기들이 날아

왔다. 낮잠을 자기 위해서였다. 그런데 비둘기들이 똥을 쌌다. 죽순 위에 비둘기 똥이 쌓여갔다. 오늘은 주인이 다가와 내 몸을 잡고 비틀었다. 뚝뚝 몸이 부러졌다.

죽순(분노)

오월이다
산마을 대숲
쑥쑥 죽순 돋아났다.

오후 세 시 무렵
비둘기가 날아들었다.
댓잎 사르르 사각사각
내려앉는 소리

부지직부지직
비둘기 똥이 떨어져 내렸다.
날마다 죽순은 똥 세례 받았다.

오늘은
죽순 앞에
발자국 소리 멈췄다.
"알맞게 자랐군,
일등품이다. 몸값 비싸겠다."

슬그머니
죽순 몸뚱이 손으로 움켜쥐더니

옆으로 비틀어댔다.

우지끈
세상 구경도 못하고
곤죽이 되었다.

*공간적 배경: 산마을 대숲
*시간적 배경: 오월, 오후 세 시
*등장인물: 죽순, 주인, 비둘기
*음향: 비둘기똥 대숲에 떨어지는 소리, 죽순 부러지는 소리
*소도구: 비둘기똥

연습 문제·7

● 위의 예시와 같이 죽순과 관련된 정서체험들 중 슬픔, 기쁨, 허무, 공포, 절망, 고독, 분노, 그리움 등 가장 인상에 남는 정서 하나를 선택하여 이미지 데생을 해보시오. 그리고 이미지 데생을 바탕으로 형상화 구성하기를 실습을 위한 연극시를 완성해보세요.

이미지 데생

●

형상화(연극시) 구성하기

죽순(   )

*공간적 배경:

*시간적 배경:

*등장인물:

*음향:

*조명:

*소도구:

갈퀴나물 소재 이미지 데생과 형상화(연극시) 구성하기

이미지 데생

●슬픔: 갈퀴나물이라고 우릴 부른다. 꽃을 피워도 이름이 모두 뒷받침을 못한다. 덩굴손을 뻗어 다른 식물을 갈퀴질해서 붙잡고 꽃을 피우기 때문이다.

●기쁨: 오월 자전거 타는 사람들을 환영하기 위해 영산강 둔치, 자전거길 길가에 갈퀴나물 꽃을 흔들어주며 자전거 탄 사람들을 환영해주었다.

●허무: ① 홍수가 나서 영산강 둔치가 모두 물에 잠겨 갈퀴나물들이 모두 죽었다. ② 논에서 자란 갈퀴나물꽃으로 곤포 사일리지를 만들었다. 소가 갈퀴나물을 씹을 때마다 갈퀴나물 꽃에서 하모니카 소리가 들려올 것 같다.

●공포: 장맛비가 쏟아진다. 강물이 점점 불어나고 있다.

●절망: 논에 갈퀴나물을 심었다. 콩과 식물로 질소가 많아 비료로 쓰기 위함이다. 트랙터가 논을 갈아엎기 시작했다.

●고독: 영산강 둔치에 갈퀴나물 꽃을 피웠다. 고라니만 꽃구경을 할뿐 아무도 찾지 않는다.

●분노: 강둑길에 자전거도로 옆에 덩굴손 뻗어가며 해마다 꽃을 피웠다. 자전거를 타는 사람들은 꽃이 너무 예쁘다고 기분이 좋다고들 칭찬했다. 그런데, 올해 관할 농어촌공사 자전거도로 담당 직원이 자전거길이 위험하다며 예초기를 들고 우리를 베어냈다.

형상화(연극시) 구성하기

●슬픔: 갈퀴나물이라고 우릴 부른다. 꽃을 피워도 이름이 모두 뒷받침을 못한다. 덩굴손을 뻗어 다른 식물을 갈퀴질해서 붙잡고 꽃을 피우기 때문이다.

갈퀴나물(슬픔)

덩굴손이
갈퀴를 닮아
갈퀴나물

덩굴손으로
다른 식물 휘감았을 뿐
전혀 갈퀴질한 적 없다.

논밭에 소먹이로
갈퀴질 당해
곤포사일리지 속에 갇혀
발효되고 있다.

　　*공간적 배경: 시골 논밭
　　*시간적 배경: 연중
　　*등장인물: 갈퀴나물
　　*소도구: 곤포사일리지

●기쁨: 오월 자전거 타는 사람들을 환영하기 위해 영산강 둔치 자전거길 길가에 갈퀴나물 꽃을 흔들어주며 자전거 탄 사람들을 환영해주었다.

갈퀴나물 환영인사(기쁨)

오월
영산강
강변 둔치
자전거길 깊섶
갈퀴나물 꽃
페달을 밟고 있습니다.

자전거길
자전거 타고 씽씽
달려가는 사람들
환영 인사합니다.

  *공간적 배경: 산강 강변 둔치 자전거 도로 길섶
  *시간적 배경: 오월
  *등장인물: 갈퀴나물, 자전거 타는 사람들
  *소도구: 자전거

●허무: ① 홍수가 나서 영산강 둔치가 모두 물에 잠겨 갈퀴나물들이 모두 죽었다.

갈퀴나물꽃(허무)

여름 장마
홍수가 났다.

강물이 불어나
영산강 둔치가 모두 물에 잠겼다.

삼사일
물속에 잠겨
갈퀴나물들 모두 죽었다.

　　*공간적 배경: 영산강 둔치
　　*시간적 배경: 여름 장마철
　　*등장인물: 갈퀴나물, 홍수

●허무: ② 논에서 자란 갈퀴나물꽃으로 곤포 사일리지를 만들었다. 소가 갈퀴나물을 씹을 때마다 갈퀴나물 꽃에서 하모니카소리가 들려올 것 같다.

갈퀴나물꽃(허무)

나주평야
보리 대신
갈퀴나물 심었다.

덩굴손

서로 움켜잡고
얼키설키

오월
뻐꾹뻐꾹
핑핑핑
유에스비 메모리
갈퀴나물 꽃

비닐로 칭칭 감겨
곤포 사일리지 되었다.

이제 축사에서
소가 되새김질할 때마다
보랏빛 하모니카 소리
들려오겠다.

   *공간적 배경: 나주 평야, 축사
   *시간적 배경: 오월
   *등장인물: 갈퀴나물, 소
   *음향: 뻐꾸기 울음소리, 하모니카 소리, 소 되새김질하는 소리
   *소도구: 콘포 사일리지, 유에스비 메모리, 하모니카

●공포: 장맛비가 쏟아진다. 강물이 점점 불어나고 있다.

갈퀴나물꽃(공포)

여름 장맛비가 쏟아진다
우두둑우두둑
연일 쏟아지는
장맛비

집 마당
빗물이 괄괄괄
도랑 가득 흘러갔다.

흙탕물이 된 강물이
점점 불어나고 있다.

둔치가 잠겼다.
서서히 갈퀴나물도 강물에 잠겼다.

*공간적 배경: 시골 집 마당

*시간적 배경: 여름 장마철

*등장인물: 갈퀴나물, 강물

*음향: 빗소리, 도랑물 흐르는 소리

*소도구: 자전거

● 절망: 논에 갈퀴나물을 심었다. 콩과 식물로 질소가 많아 비료로 쓰기 위함이다. 트랙터가 논을 갈아엎기 시작했다.

갈퀴나물꽃(공포)

농부가 논에

갈퀴나물을 심었다.

갈퀴나물
콩과식물
퇴비로 쓰려고

갈퀴나물
거두어들여
곤포 사일리지
소먹이로 쓰려고

트렉터가
논을 갈아엎기 시작했다.
트렉터가
곤포 사일리지
비닐을 감고 있었다.

*공간적 배경: 농촌 들판
*시간적 배경: 늦봄
*등장인물: 갈퀴나물, 트렉터
*음향: 트렉터 소리
*소도구: 비닐, 곤포 사일리지

●고독: 영산강 둔치에 갈퀴나물 꽃을 피웠다. 고라니만 꽃구경을 할뿐 아무도 찾지 않는다.

갈퀴나물 꽃(고독)

영산강 둔치
갈퀴나물 꽃
흐드러졌다.

아무도
찾아오는 사람 없었다.

자전거길
지나가는 자전거 탄 사람들만
먼발치 힐끔힐끔 쳐다보고 지나갔다.

*공간적 배경: 영산강 둔치
*시간적 배경: 봄
*등장인물: 갈퀴나물, 자전거 타는 사람들
*음향: 자전거 지나가는 소리
*소도구: 자전거

●분노: 강둑길에 자전거도로 옆에 덩굴손 뻗어가며 해마다 꽃을 피웠다. 자전거를 타는 사람들은 꽃이 너무 예쁘다고 기분이 좋다고들 칭찬했다. 그런데, 올해 관할 국토관리청 자전거도로 담당직원이 자전거길이 위험하다며 예초기를 들고 우리를 베어냈다.

갈퀴나물꽃 잘려나갔다(분노)

강둑 자전거길 길섶
갈퀴나물 꽃 활짝

지나가는
자전거 타는 사람들
눈인사 씽긋

기분 좋아
씽씽
자전거 페달 밟았다.

지방 국토관리청
담당직원이 예초기 들고 와
자전거길 길섶
갈퀴나물꽃 모두 베어냈다.

갈퀴나물 꽃
열매도 맺지 못하고
잘려나갔다.

  *공간적 배경: 강둑 자전거길 길섶
  *시간적 배경: 봄-여름
  *등장인물: 갈퀴나물, 지방 국토관리청 담당직원
  *음향: 자전거 지나가는 소리, 예초기 돌아가는 소리
  *소도구: 자전거, 예초기

연습 문제·8

● 위의 예시와 같이 갈퀴나물과 관련된 정서체험들 중 슬픔, 기쁨, 허무, 공포, 절망, 고독, 분노, 그리움 등 가장 인상에 남는 정서 하나를 선택하여 이미지 데생을 해보시오. 그리고 이미지 데생을 바탕으로 형상화 구성하기를 실습을 위한 연극시를 완성해보세요.

이미지 데생

●

형상화(연극시) 구성하기

갈퀴나물(   )

*공간적 배경:

*시간적 배경:

*등장인물:

*음향:

*조명:

*소도구:

버드나무 소재 이미지 데생과 형상화(연극시) 구성하기

이미지 데생

●슬픔: 모두들 가을에 씨앗을 거두는데 우리들은 오월에 씨앗을 떠나보낸다.

●기쁨: 영산강 둔치 버드나무는 왕건과 완사천에서 나주 거상 오다련의 딸 오 씨 처녀와 만나는 이야기, 왕건이 고려를 세우고 장화왕후를 맞이하여 혜종을 얻게 된 러브스토리를 전해준다. 일찍 4월에 꽃 피우고 5월에 열매를 맺는데 이때 솜털을 날리는 것은 그 소문을 전해주는 것이라고 한다.

●허무: 홍수가 나서 영산강 강물이 우리들을 밀어냈다. 있는 힘을 다해 버티다가 허리가 굽어지고 쓰레기를 가지에 가득 쌓아놓고 갔다.

●공포: 장맛비가 쏟아진다. 홍수가 났다. 강물의 수량이 늘고 물살이 거세다. 물이 차올라 우리들은 모두 물에 잠겼다.

●절망: 모래밭에 뿌리내린 버드나무는 뿌리째 뽑혀 탁류에 휩쓸려갔다.

●고독: 많은 여인들이 버드나무 길을 걸으며 인연을 맺었다. 버드나무 가지는 쉽게 부러진다. 강물이 흐르듯이 떠나보낸 인연은 또 다른 인연으로 이어질 것을 알기에 인연을 만날 때까지 요즈음 노총각처럼 느긋하게 기다린다.

●분노: 아무 데나 정착하여 산다고 뿌리 없다고 비웃는다. 강가에 그늘도 만들어주었는데, 낚시꾼들이 와서 낚시하다 낚시 바늘이 가지에 걸린다고 제 가지를 부러뜨려놓았다.

형상화(연극시) 구성하기

● 슬픔: 모두들 가을에 씨앗을 거두는데 우리들은 사월에 꽃 피우고 오월에 털 달린 씨앗을 떠나보낸다. 꽃 피울 때 기쁨만 있는 것이 아니라 우리처럼 떠나보내야 하는 슬픔이 있음을 알리기 위해 꽃가루 알레르기를 일으켰다.

버드나무(슬픔)

강가에서 태어났습니다.
강물이 흐르는 소리 듣고 살고 있습니다.

한번 흘러간 강물
봄이 와도 돌아오지 않았습니다.

봄이면 꽃피우고
가을이면 열매 맺어야 하건만
살아남기 위해 서둘러야 했습니다.

사월에 꽃 피우고
곧바로 오월에
털 달린 씨앗을 바람에 멀리멀리 날려 보냈습니다.

새싹 돋고 꽃피우는 때
멀리 떠나보내야 하는
우리들을 알아달라
꽃가루 알레르기 일으켰습니다.

*공간적 배경: 강가
*시간적 배경: 사월에서 오월사이
*등장인물: 버드나무
*음향: 강물 흐르는 소리
*소도구: 꽃가루, 버드나무 씨앗

●기쁨: 영산강 둔치 버드나무는 왕건과 완사천에서 나주 거상 오다련의 딸 오 씨 처녀와 만나는 이야기, 왕건이 고려를 세우고 장화왕후를 맞이하여 혜종을 얻게 된 러브스토리를 전해준다. 일찍 4월에 꽃 피우고 5월에 열매를 맺는데 이때 솜털을 날리는 것은 그 소문을 전해주는 것이라고 한다.

버드나무꽃(기쁨-역사적 사실 인유)

궁예의 신하
왕건 장군은
나주에서 오랫동안 머물었어요.

오월, 지나는 길에
목이 말라 완사천에 들렸다가
오 씨 처녀를 만났어요,

샘물을 한 바가지 떠서
왕 버들잎 동동 띄워
왕건에게 내밀었어요.

그때 인연으로

왕건이 고려를 세운 뒤
장화왕후가 되었어요.

그때부터 왕버들나무
해마다 사월에 꽃 피우고
오월이면 씨앗 맺어
솜털 소문을 퍼뜨리곤 해왔어요.

지금도 영산강 강변 여기저기
왕 버드나무들
바람 불 때마다 파르르 촐랑대며
왕건과 장화왕후 러브스토리
까발리고 있네요.

　*공간적 배경: 나주시청 앞 완사천, 영산강 강변
　*시간적 배경: 사월에서 오월 사이
　*등장인물: 왕건, 장화왕후
　*음향: 버드나무잎 떠는 소리
　*소도구: 왕버드나무 솜털 씨앗

●허무: 홍수가 나서 영산강 강물이 우리들을 밀어냈다. 있는 힘을 다해 버티다가 허리가 굽어지고 쓰레기를 가지에 가득 쌓아놓고 갔다.

버드나무(허무)

장마철 홍수로
영산강물이 넘쳤습니다.

세찬 물길
온몸으로 버텼습니다.

강물에 떠밀려온
쓰레기들만
버드나무 몸뚱이를
칭칭 감아놓았습니다.

사랑의 다리 놓아주었던
버드나무
쓰레기로 다리 놓았습니다.

　　*공간적 배경: 영산강변
　　*시간적 배경: 여름 장마철
　　*등장인물: 버드나무, 홍수
　　*음향: 강물 흐르는 소리
　　*소도구: 쓰레기

●공포: 장맛비가 쏟아진다. 홍수가 났다. 강물의 수량이 늘고 물살이 거세다. 물이 차올라 우리들은 모두 물에 잠겼다.

버드나무(공포)

장맛비가
연일 쏟아졌습니다.

강물의 수위가

점점 높아졌습니다.

강물의 흐름이
거세졌습니다.

버드나무
강물에 모두 잠겼습니다.

강물이 버드나무를
힘차게 밀어냈습니다.

　*공간적 배경: 강가
　*시간적 배경: 여름 장마철
　*등장인물: 버드나무, 강물
　*음향: 강물 흐르는 소리

●절망: 모래밭에 뿌리내린 버드나무는 뿌리째 뽑혀 탁류에 휩쓸려갔다.

　버드나무(절망)

물에 잠긴 버드나무를
강물이 세차게
밀어내자
버드나무가 흔들거립니다.

겨우 버티다가

마침내 뿌리째 뽑혔습니다.

거센 물살에
미루나무가 동동 떠내려갔습니다.

*공간적 배경: 강
*시간적 배경: 여름 장마철
*등장인물: 버드나무, 강물
*음향: 강물 흐르는 소리
*소도구: 뿌리채 뽑힌 버드나무

● 고독: 많은 여인들이 버드나무 길을 걸으며 인연을 맺었다. 버드나무 가지는 쉽게 부러진다. 강물이 흐르듯이 떠나보낸 인연은 또 다른 인연으로 이어질 것을 알기에 인연을 만날 때까지 요즈음 노총각처럼 느긋하게 기다린다.

버드나무(고독)

물가에
버드나무

버드나무 아래서
남녀가 눈이 맞았습니다.
물이 올라
초록빛으로 흔들렸습니다

버드나무 가지는

쉽게 부러졌습니다.

강물이
여러 곳에서 흘러와
바다로 흘러가듯

버드나무도
해마다 봄이 오면
새 잎으로 돌아났습니다.

새로운 인연을 만날 때까지
기다려야 합니다.

　*공간적 배경: 물가
　*시간적 배경: 봄
　*등장인물: 버드나무
　*음향: 버드나무 새 잎 돋는 소리

●분노: 아무 데나 정착하여 산다고 뿌리 없다고 비웃는다. 강가에 그늘도 만들어주었는데, 낚시꾼들이 와서 낚시하다 낚시 바늘이 가지에 걸린다고 제 가지를 부러뜨려놓았다.

버드나무(분노)

버드나무는
가지가 부러져도
부러진 가지를

땅에 꽂아놓으면
새 뿌리가 돋아납니다.

아무 데서나
비위 잘 맞추고
잘 살아간다고
버드나무를 비웃었습니다.

하지만 버드나무는
항상 물가를 지켰습니다.

물가를 찾아온
낚시꾼들에게
그늘이 되어주었습니다.

낚시꾼들이 낚싯줄을 끌어당기다가
버드나무 가지에
낚싯줄이 엉켰습니다.

낚시꾼들은
화가 나서
버드나무 가지를 부러뜨렸습니다.
아예 베어냈습니다.

  *공간적 배경: 물가
  *시간적 배경: 봄
  *등장인물: 버드나무, 낚시꾼
  *음향: 버드나무 가지 부러지는 소리, 톱질 소리
  *소도구: 낚시줄, 톱

연습 문제·9

●위의 예시와 같이 버드나무와 관련된 정서체험들 중 슬픔, 기쁨, 허무, 공포, 절망, 고독, 분노, 그리움 등 가장 인상에 남는 정서 하나를 선택하여 이미지 데생을 해보시오. 그리고 이미지 데생을 바탕으로 형상화 구성하기를 실습을 위한 연극시를 완성해보세요.

이미지 데생

●

형상화(연극시) 구성하기

버드나무(   )

*공간적 배경:

*시간적 배경:

*등장인물:

*음향:

*조명:

*소도구:

개망초 소재 이미지 데생과 형상화(연극시) 구성하기

이미지 데생

- 슬픔: 화단에 개망초 뿌리내렸더니 잡초라고 뽑아냈다.
- 기쁨: 빈터에 무더기로 개망초 피어 꽃 피웠다. 지나가는 사람들 핸드폰 내밀고 찰칵찰칵 개망초 꽃도 무더기로 피면 눈길 끌어 모은다.
- 허무: 국화 모양의 개망초 꽃을 피웠으나 사람들의 관심을 끌지 못했다. 사람들이 개망초라고 업신여겨도 미워하지 않는다. 오히려 개망초 꽃말처럼 그들과 화해의 손을 내밀고 싶다.
- 공포: 마을 빈터 개망초 무리지어 꽃을 피웠다. 어느 날 낯선 승용차 한 대가 멈춰서더니 쓰레기를 버리고 갔다. 그 뒤부터 몰래 승용차를 끌고 와 쓰레기를 버리고 갔다.
- 절망: 마을 빈터 개망초 무리지어 꽃을 피웠다. 굴착기 들어오더니 집 짓는 기초공사를 위해 땅을 파헤쳤다.
- 고독: 농부가 밭에 제초제가 뿌렸다. 풀들이 모두 말라죽었다. 모퉁이 큰 돌멩이 틈에 끼워 개망초 한 그루 살아남았다.
- 분노: 빈집 마당에 뿌리내렸다. 옆에 토박이 잡초들이 자꾸 끌어내린다. 귀촌한 도시로 비유하여 시상을 전개함.

형상화(연극시) 구성하기

- 슬픔: 화단에 뿌리내렸더니 잡초라고 뽑아냈다.

개망초(슬픔)

꽃밭에
개망초 뿌리 돋아
쑥쑥

꽃밭
개망신
개망초 뽑아냈다.

듣기 싫은 이름
개망초
잡초 개망신
개망초

   *공간적 배경: 꽃밭
   *시간적 배경: 봄
   *등장인물: 개망초

●기쁨: 빈터에 무더기로 개망초 피어 꽃 피웠다. 지나가는 사람들 핸드폰 내밀고 찰칵찰칵 개망초 꽃도 무더기로 피면 눈길 끌어 모은다.

개망초(기쁨)

길가 공사장
빈터
개망초 무리 지어
꽃 피웠다.

유월 땡볕
바람에 한들한들

지나가는 사람들
눈길 끌어모았다.

기던 길 멈춰 서서
셀카봉 들고서
찰칵찰칵

개망초도
무리 지어 꽃 피우면
망초 꽃밭

　*공간적 배경: 길가 공사장
　*시간적 배경: 유월
　*등장인물: 개망초, 지나가는 사람들
　*음향: 셀카 찍는 소리
　*소도구: 핸드폰이나 사진기

●허무: 국화 모양의 개망초 꽃을 피웠으나 사람들의 관심을 끌지 못했다. 사람들이 개망초라고 업신여겨도 미워하지 않는다. 오히려 개망초 꽃말처럼 그들과 화해의 손을 내밀고 싶다.

개망초(허무)

개망초라고

개망신 당해도
좋습니다.

아무데나
뿌리내리고
꽃 피운다고
비웃어도 좋습니다.

빈 땅
꽃을 피워
꽃말대로 나를 비웃는 사람들까지도
화해의 손을 내밀고 싶습니다.

땡볕에도 아랑곳하지 않고
하얀 웃음꽃 피우고 한들한들
가까이 다가와 손짓합니다.

　　*공간적 배경: 빈 땅
　　*시간적 배경: 봄부터 여름 사이
　　*등장인물: 개망초, 비웃는 사람들

●공포: 마을 모롱이 빈터 개망초 무리 지어 꽃을 피웠다. 어느 날 낯선 승용차 한 대가 멈춰서더니 쓰레기를 버리고 갔다. 그 뒤부터 몰래 승용차를 끌고 와 쓰레기를 버리고 갔다.

개망초(공포)

유월
산마을 모롱이 빈 터
개망초꽃이 활짝 피었습니다.

어느 날
낯선 승용차 한 대가
멈춰 섰습니다.

쓰레기 더미를
몰래 버리고
달아났습니다.

그 뒤부터
개망초 꽃밭은 쓰레기장으로
변해갔습니다.

승용차 멈추는 소리만 들려와도
개망초 깜짝깜짝 놀랬습니다.

　　*공간적 배경: 빈터 개망초 꽃밭
　　*시간적 배경: 유월
　　*등장인물: 개망초, 승용차
　　*음향: 승용차 멈추는 소리
　　*소도구: 쓰레기

● 절망: 마을 빈터 개망초 무리지어 꽃을 피웠다. 굴착기 들어오더니 집 짓는 기초공사를 위해 땅을 파헤쳤다.

개망초(공포)

마을 빈터
개망초들이
무리 지어 꽃을 피웠습니다.

어느 날
굴착기 한 대가 멈춰 서서
땅을 파헤치기 시작했습니다.

빈터에
집을 짓는 기초공사가
시작되었습니다.

개망초
이제 꼼짝없이
죽음을 맞이했습니다.

 *공간적 배경: 마을 빈터
 *시간적 배경: 봄부터 여름 사이
 *등장인물: 개망초, 굴착기, 공사를 벌리는 사람들
 *음향: 굴착기 땅 파는 소리

● 고독: 농부가 밭에 제초제가 뿌렸다. 풀들이 모두 말라죽었다.

모퉁이 큰 돌멩이 틈에 끼워 개망초 한 그루 살아남았다.

개망초(분노)

유월
농촌 밭둑
돌멩이 틈 사이
뿌리내린 개망초

농부가 뿌린 제초제로
모든 잡초들이
말라 죽었습니다.

다행히 제초제
맞지 않은
개망초 한 그루
혼자 살아남았습니다.

노을 무렵
바람에 흔들흔들

 *공간적 배경: 농촌 밭둑
 *시간적 배경: 유월
 *등장인물: 개망초, 농부
 *소도구: 제초제

● 분노: 빈집 마당에 뿌리내렸다. 옆에 토박이 잡초들이 자꾸 끌

어내린다. 귀촌한 도시로 비유하여 시상을 전개함.

개망초(분노)

빈집 지켜드립니다.
도시에 발붙일 곳 없어
떠돌이로 살다 귀촌했습니다.
아무 데나 터 잡고 살아가렵니다.

빈집 마당
멍멍 짖던
수많은 개 발자국
그 자리에 뿌리 내렸습니다.

봄바람 살랑살랑
새들이 찾아와 노래까지 불러주는
시골 마당
멍하니 바라만 보고 있어도
불끈불끈 힘이 절로 솟아납니다.

토박이 잡초들도
시새움에 옆자리 차지하고
으름장을 놓습니다.
빌딩 숲속
거미줄 도로망
먼지처럼 떠돌던 망망한 세상살이
틈 비집고 망초로 살아온 저와

맞설 수 있겠습니까?

개만도 못한 것들
망해서 초죽음이 되는 날
멀지 않았습니다.

멍청한 개들을
멍하니 바라보는
개망초 귀촌생활
개망초 서정 시집 한 권
하얀 우표 붙여 보내드리겠습니다.

*공간적 배경: 시골, 빈 집 마당, 빌딩 숲 속
*시간적 배경: 연중
*등장인물: 개망초,잡초, 개
*음향: 셀카 찍는 소리
*소도구: 개망초 서정시집 한 권

연습 문제·10

●위의 예시와 같이 개망초와 관련된 정서체험들 중 슬픔, 기쁨, 허무, 공포, 절망, 고독, 분노, 그리움 등 가장 인상에 남는 정서 하나를 선택하여 이미지 데생을 해보시오. 그리고 이미지 데생을 바탕으로 형상화 구성하기를 실습을 위한 연극시를 완성해보세요.

이미지 데생

●

형상화(연극시) 구성하기

개망초(   )

*공간적 배경:

*시간적 배경:

*등장인물:

*음향:

*조명:

*소도구:

꽃양귀비 소재 이미지 데생과 형상화(연극시) 구성하기

이미지 데생

●슬픔: 눈요기 꽃구경하시세요. 태어날 때부터 트랜스젠더로 태어났다. 개 같은 나쁜 소문 때문에 개양귀비라 불린다.

●기쁨: 오월 영산강 자전거길 옆 자전거 타는 사람들을 맞이하는 기쁨으로 살아간다.

●허무: 꽃망울 꼿꼿이 세웠다. 터뜨려서 붉은 꽃잎 펼쳐졌다. 꽃잎 떨어졌다.

●공포: 장마가 졌다. 홍수가 나서 강물이 넘쳐 우릴 덮쳤다.

●절망: 강물이 빠지지 않는다. 숨이 막혀 죽을 지경이다.

●고독: 영산강 하상에 피었다. 풀숲이 우거져 아무도 찾아와 주질 않는다.

●분노: 피 끓는 내 심장이다. 나 없인 못 산다고 매달리는 남편이 달거리 막 내렸다고 곁들어 보지 않는다. 다음 생에는 다시 너와 안 만나겠다.

●창피함: 이웃집 아주머니가 힐끔힐끔 쳐다본다. 시집가도 되겠다고 입방아 찧는다. 달거리도 들킬까 봐 두렵다.

형상화(연극시) 구성하기

●슬픔: 눈요기 꽃구경하세요. 태어날 때부터 트랜스젠더로 태어났다. 개 같은 나쁜 소문 때문에 개양귀비라 불린다.

꽃양귀비(슬픔)

늦은 밤
남산공원 오솔길
가로등불이 희미하다.

후미진 모퉁이
서성거리는 개양귀비꽃
힐끔힐끔
지나가는 사람들을 쳐다본다.

한 사내가
비틀비틀 걸어가며
"이 풍진 세상을 만났으니……"
유행가를 불러댔다.

개양귀비 꽃이
사내의 곁으로 다가서
팔짱을 끼며
"저와 함께 가요."
"네가 누군데 같이 가자는 거야."
"저는 트랜스젠더,
빨간 개양귀비, 꽃양귀비에요."

　*공간적 배경: 남산공원
　*시간적 배경: 늦은 밤
　*등장인물: 개양귀비꽃, 지나가는 사람들

*조명: 희미한 가로등불
*음향: 취객의 유행가 소리

●기쁨: 오월 영산강 자전거길 옆 자전거 타는 사람들을 맞이하는 기쁨으로 살아갑니다.

꽃양귀비(기쁨)

오월
영산강변 강둑
자전거길
꽃양귀비 한들한들

자전거 탄 사람들
바람을 가른다.

방사형 바큇살에
저녁노을
물비늘로 감긴다.

쿵쿵쿵
방망이질하는 가슴
할딱할딱
거친 숨소리

꽃양귀비
경광봉 흔든다.

*공간적 배경: 영산강변 강둑
　　*시간적 배경: 오월
　　*등장인물: 꽃양귀비
　　*음향: 거친 숨소리,
　　*소도구: 경광봉
　　*조명: 경광봉 불빛

●허무: 꽃망울 꼿꼿이 세웠다. 터뜨려서 붉은 꽃잎 펼쳐졌다. 꽃잎 떨어졌다.

꽃양귀비(허무)

영산강 강변 둑길에
꽃양귀비 꽃 한들한들

꽃몽오리
쏘옥쏘옥

토끼눈으로
절 바라보지 마세요.
털 없는 마약은 아니지만
마술 보여드릴게요.

자, 꽃몽오리 잘 보세요.
짠, 빨간 꽃잎 펼쳐놓았어요.

믿을 수 없다고요.

그럼 직접 와서 살펴보세요.

윙윙 벌들이
팔랑팔랑 나비들이
분주히 찾아와 빨간 꽃잎 속을
들여다보고 갔어요.

그럼, 이제 문 닫을게요.
마술 끝난
꽃양귀비 꽃무대
실로폰 채 흔들흔들
딩동댕딩동댕

  *공간적 배경: 영산강변 둑길
  *시간적 배경: 유월
  *등장인물: 개양귀비, 벌, 나비
  *음향: 실로폰 소리
  *소도구: 실로폰 채

● 공포: 장마가 졌다. 홍수가 나서 강물이 넘쳐 우릴 덮쳤다.

꽃양귀비(공포)

영산강 강변
하상에 꽃양귀비 꽃
무리 지어 피었습니다.

연일 장맛비가 쏟아집니다.
강물이 점점
하상을 기어오릅니다.
꽃양귀비 꽃
조마조마

와락, 황톳물이
덮쳤습니다.

꽃양귀비 꽃
쓰러졌습니다.

　*공간적 배경: 영산강변
　*시간적 배경: 봄 장맛비 오는 날
　*등장인물: 꽃양귀비, 강물

● 절망: 강물이 빠지지 않는다. 숨이 막혀 죽을 지경이다.

꽃양귀비(절망)

영산강변
하상이 모두 물에 잠겼습니다.

꽃양귀비 꽃무리들도
모두 물속에 잠겼습니다.

숨이 막힙니다.

진도앞바다
세월호 속입니다.

　*공간적 배경: 영산강변 하상
　*시간적 배경: 봄부터 여름 사이
　*등장인물: 꽃양귀비, 강물, 세월호

●고독: 영산강 하상에 피었다. 풀숲이 우거져 아무도 찾아와 주질 않는다.

꽃양귀비(고독)

오월이다
영산강 강변 하상
꽃양귀비 무리들

강물 경주
응원 나왔다.

빨간 비키니
치어리더

가는 허리
흔들흔들

보는 사람
아무도 없다.

*공간적 배경: 영산강변 하상

*시간적 배경: 오월

*등장인물: 꽃양귀비, 치어리더

●분노: 피 끓는 내 심장이다. 나 없인 못 산다고 매달리는 남편이 달거리 막 내렸다고 곁들어 보지 않는다. 다음 생에는 다시 너와 안 만나겠다.

꽃양귀비(분노)

너는 꽃양귀비
털이 보송보송
너만 보면 포근하다.

날마다
꽁무니 졸졸
널 못 보면 미칠 것 같다.
서로 만나
오순도순
자식 낳고 살다가
달거리 끝날 때

나 없이는 못 산다는 남편
집 밖으로 나돌았다.

시들시들
말라가는 몸

목이 마르다.

네 말을 곧이곧대로
믿는 게 바보였다.

개양귀비로 보는 너를
다음에 다시 또 태어난다면
절대 만나지 않겠다.

　*공간적 배경: 알 수 없음
　*시간적 배경: 연중
　*등장인물: 꽃양귀비

●창피함: 이웃집 아주머니가 힐끔힐끔 쳐다본다. 시집가도 되겠다고 입방아 찧는다. 달거리도 들킬까 봐 두렵다.

꽃양귀비(창피함)

사춘기
처녀 젖가슴이다.

엄지손가락만한
꽃몽오리
봉긋봉긋

쳐다보는
눈길이 정말 껄끄럽다.

"오메, 아가씨 다 됐네 그려
이제 시집가도 되겠다잉"

바람 불 때마다
이웃집
수다쟁이 아줌마
입방아 찧었다.

달거리도
들킬까 봐
가슴 두근두근

화끈화끈
얼굴 달아올랐다,

 *공간적 배경: 장소 미상
 *시간적 배경: 봄
 *등장인물: 꽃양귀비, 사춘기 소녀, 이웃집 아줌마

연습 문제·11

●위의 예시와 같이 꽃양귀비와 관련된 정서체험들 중 슬픔, 기쁨, 허무, 공포, 절망, 고독, 분노, 그리움 등 가장 인상에 남는 정서 하나를 선택하여 이미지 데생을 해보시오. 그리고 이미지 데생을 바탕으로 형상화 구성하기를 실습을 위한 연극시를 완성해보세요.

이미지 데생

●

형상화(연극시) 구성하기

꽃양귀비(   )

*공간적 배경:

*시간적 배경:

*등장인물:

*음향:

*조명:

*소도구:

매화나무 소재 이미지 데생과 형상화(연극시) 구성하기

이미지 데생

● 슬픔: 꽃샘추위에 매화꽃이 모두 시들었다.
● 기쁨: ① 광양 섬진강을 따라 초봄 매화꽃이 활짝 피었다. 관광객들이 찾아와 매화꽃의 아름다움에 흠뻑 빠져 사진을 찍었다. ② 해남 보해소주 매실 농장에서 수확한 매실로 담근 매실주가 소비자들의 사랑을 받고 있다.
● 허무: 매화마을 홍쌍리 농원의 매화꽃을 구경하려고 전국의 관광객들이 몰려들었으나 코로나 바이러스로 사람들의 발길이 끊겼다.
● 공포: 유리나방 애벌레가 나타나 이파리를 모두 갉아먹고 있다.
● 절망: 유리나방 애벌레 수십 마리가 매화나무에 달라붙었다.
● 고독: 매화꽃이 지자 날마다 찾아오던 관광객들의 발길이 끊겼다.
● 분노: 매화를 좋아하는 퇴계 선생이 단양군수로 재직할 때 관기 두향을 매화의 인연으로 만나 단양의 매화나무를 도산서원에 심었다. 천 원짜리 지폐에 퇴계 선생과 도산서원의 매화나무가 그려져 있다. 그런데 매화나무를 기억하는 사람은 아무도 없었다. 요즈음에는 신사임당 초상화를 받들고 퇴계 선생 초상화 지폐는 거들어 보지도 않으며, 매화나무는 있는지 없는지도 모르고 있다.

● 슬픔: 꽃샘추위에 매화꽃이 모두 시들었다.
　　매화꽃(슬픔)

이른 봄
광양 홍쌍리 농원
매화꽃 활짝

매서운 추위에도
매화꽃 피웠다.

올 봄
서둘러 꽃을 피웠다가
꽃샘추위에
꽃잎이 모두 얼어붙었다.

　*공간적 배경: 광양 홍쌍리 농원
　*시간적 배경: 이른 봄
　*등장인물: 매화꽃, 선비

●기쁨: ① 광양 섬진강을 따라 초봄 매화꽃이 활짝 피었다. 관광객들이 찾아와 매화꽃의 아름다움에 흠뻑 빠져 사진을 찍었다.

매화꽃(기쁨)

섬진강 따라
매화꽃 활짝 피었다.

매화꽃
눈부시다.

날마다
관광객 찾아와
찰칵찰칵

싱글벙글
함박웃음
헤벌쭉

　*공간적 배경: 섬진강
　*시간적 배경: 봄
　*등장인물: 매화꽃, 관광객

●기쁨: ② 해남 보해 매실 농장에서 수확한 매실로 담근 매실주가 소비자들의 사랑을 받고 있다.

매화꽃(기쁨)

해남 보해 매실농장
매실 주렁주렁

매실 따다
매실주

5년, 10년
숙성
매취순

맛보고
다시 찾는 단골손님
많아졌다.

　*공간적 배경: 해남 보해 매실농장
　*시간적 배경: 봄
　*등장인물: 매화 열매, 매취순

●허무: 매화마을 홍쌍리 농원의 매화꽃을 구경하려고 전국의 관광객들이 몰려들었으나 코로나 바이러스로 사람들의 발길이 끊겼다.

매화꽃(허무)

섬진강 따라
매화 향기 물씬물씬
삼진마을 매화마을
홍쌍리 농원

해마다
봄이 되면
관광객들
꾸역꾸역 몰려들었다.

경자년 코로나
임인년 봄에도 여전히
매화꽃 구경

관광객들 발길 막았다.

   *공간적 배경: 섬진마을 매화마을 홍쌍리 농원
   *시간적 배경: 경자년, 임인년 봄
   *등장인물: 매화꽃, 관광객

●공포: 유리나방애벌레가 매화나무에 달라붙어 이파리를 모두 갉아먹고 있다.

유리나방애벌레(공포)

이른 봄
광양 매화마을
매화나무 마다
유리나방이 알 실었다.

애벌레 깨어나
꿈틀꿈틀

매화나무 가지마다
덕지덕지
사각사각 나뭇잎을 갉아먹고 있다.

엄지손가락만한
매실 비실비실

   *공간적 배경: 광양 매화마을

*시간적 배경: 이른 봄
　　*등장인물: 유리나방 애벌레, 매실
　　*음향: 사각사각

●절망: 유리나방애벌레 수십 마리가 매화나무에 달라붙었다.

매실(절망)

　섬진마을 매화농원
　유리나방 애벌레
　수십 마리가
　매화나무에 달라붙었다.

　가지마다
　달라붙어
　나뭇잎을 모두 갉아먹었다.

　매실 열매
　말라 삐틀어졌다.

　　*공간적 배경: 섬진마을 매화농원
　　*시간적 배경: 봄
　　*등장인물: 유리나방 애벌레, 매실나무

●고독: 매화꽃이 지자 날마다 찾아오던 관광객들의 발길이 끊겼다.

매화꽃(고독)

이른 봄
광양 홍쌍리 농원
매화꽃이 흐드러지게 피었다.

날마다
관광객들을 줄을 이었다.

매화꽃
모두 떨어졌다.
관광객들 발길 끊겼다.

　　*공간적 배경: 광양 홍쌍리 농원
　　*시간적 배경: 이른 봄
　　*등장인물: 매화꽃, 관광객

●분노: 매화를 좋아하는 퇴계 선생이 단양군수로 재직할 때 관기 두향을 매화의 인연으로 만나 단양의 매화나무를 도산서원에 심었다. 천 원짜리 지폐에 퇴계 선생과 도산서원의 매화나무가 그려져 있다. 그런데 매화나무를 기억하는 사람은 아무도 없었다. 요즈음에는 신사임당 초상화를 받들고 퇴계 선생 초상화 지폐는 거들어 보지도 않으며, 매화나무는 있는지 없는지도 모르고 있다.

　　매화나무(분노)

퇴계 선생

매화꽃 좋아했다.

단양군수 시절
관기 두향과
매화꽃 인연

도사서원에
두향이 생각
매화나무 심었다.

칠십 세
돌아가실 때
마지막 말씀
"저 매화나무에 물을 주어라"

천 원짜리 지폐
퇴계 선생 초상화
도산서원 매화나무

오만 원 권 지폐
신사임당 초상화
귀한 대접 받았다

퇴계 선생 초상화
거들어보지 않았다
그 옆 매화나무는
더더욱 관심이 없었다.

*공간적 배경: 단양, 도산서원
*시간적 배경: 퇴계선생 칠십 세 임종 때
*등장인물: 관기 두향, 퇴계 이황 매화나무
*소도구: 천원 지폐, 오만 원 권 지폐

연습 문제·12

● 위의 예시와 같이 매화나무와 관련된 정서체험들 중 슬픔, 기쁨, 허무, 공포, 절망, 고독, 분노, 그리움 등 가장 인상에 남는 정서 하나를 선택하여 이미지 데생을 해보시오. 그리고 이미지 데생을 바탕으로 형상화 구성하기를 실습을 위한 연극시를 완성해보세요.

이미지 데생

●

형상화(연극시) 구성하기

매화나무. 매화꽃(   )

*공간적 배경:

*시간적 배경:

*등장인물:

*음향:

*조명:

*소도구:

탱자나무 소재 이미지 데생과 형상화(연극시) 구성하기

이미지 데생

●슬픔: ① 탱자나무 울타리가 모두 베어졌다. 가시가 달려 귀찮다고 모두 없애버렸다. ② 금성대군의 단종복위 순응의거로 양주에 가면 금성대군을 위리안치한 곳에 가면 탱자나무 울타리에 우물 안처럼 웅덩이를 파고 그 속에서 살게 했다.

●기쁨: 탱자가 귤보다 바타민 C가 30배나 된다고 탱자차가 인기를 모으고 있다.

●허무: 탱자가 약이 된다고 익지도 않는 탱자를 모두 따갔다.

●공포: 탱자나무가 가을마다 가시 많은 가지를 많이 뻗었다고 사람들이 전정가위를 들고 와 가지를 마구 잘라냈다.

●절망: 포크레인이 와서 탱자나무 울타리 탱자나무를 모두 파냈다.

●고독: 탱자나무가 있는 곳을 몰라 호랑나비들이 찾아오지 않는다.

●분노: 탱자나무 가시 달렸다고 가지가 잘려나간 것도 원통한데 탱자나무가 필요 없다고 뿌리채 뽑아냈다. 우리 종족이 멸종이 되고 있다. 죄 지은 것도 없는데 가시가 많다고 울타리로 쓰더니 철조망이 나온 뒤로 우리들을 모두 파냈다.

형상화(연극시) 구성하기

●슬픔: ① 탱자나무 울타리가 모두 베어졌다. 가시가 달려 귀찮다고 모두 없애버렸다.

탱자 울타리(슬픔)

과수원
탱자나무 울타리
해마다
가지 쭉쭉

가을
과일 수확
바쁜 일손
탱자나무 가지치기까지
일손이 모자랐다.

탱자나무 가지치기
귀찮다

모두 뽑아내고
그 자리
휀스 철망으로 바꿨다.

  *공간적 배경: 과수원
  *시간적 배경: 봄부터 여름사이
  *등장인물: 탱자나무, 과수원 주인
  *소도구: 휀스 철망

●슬픔: ② 금성대군의 단종복위 순응의거로 양주에 가면 금성대군을 위리안치한 곳에 가면 탱자나무 울타리에 우물 안처럼 웅덩

이를 파고 그 속에서 살게 했다.

탱자나무(슬픔)

영주 금성대군
위리안치 유배지
우물 안 웅덩이 속에서
갇혀 살았다.

바깥에 탱자나무 울타리
뾰족한 가시를 내밀고
또 한 겹 에워쌌다.

수양대군 탱자나무
가시를 들이밀고 감시했다.

순흥부 사람들과 힘 모아
단종 복위시키려다
무참히 짓밟혔다.

탱자나무 그 자리 그대로
가시밭길 역사를
해마다 되풀이하고 있었다.

    *공간적 배경: 영주 금성대군 위리안치
    *시간적 배경: 조선 세조 때
    *등장인물: 금성대군, 이보흠, 노비, 탱자나무

*소도구: 우물 안 웅덩이(위리안치)

●기쁨: 탱자가 귤보다 비타민 C가 30배나 된다고 탱자차가 인기를 모으고 있다.

탱자 차(기쁨)

탱자나무 울타리를
모두 파내었다.

탱자 구하기가
어렵게 되었다.

탱자 여린 열매
한약재로 쓰였다

탱자 열매는
비타민 C
귤보다 30배
탱자 차 좋다고
찾는 이 많아졌다.

가시 달렸다고
귀찮다 미워하지 마라.
비록 가시는 달렸지만
호랑나비 키워주고
사람 위해

약이 되어주었다.

   *공간적 배경: 탱자나무 울타리
   *시간적 배경: 연중
   *등장인물: 탱자 어린 열매, 호랑나비
   *소도구: 탱자 차

●허무: 탱자가 약이 된다고 익지도 않는 탱자를 모두 따갔다.

탱자 열매(허무)

탱자나무 울타리
탱자 열리면

가시로 지켰지만
집게 들고
작은 열매
모두 따갔다.

한약재 지각
말려서 지실
씨앗으로
대를 이를 수 없어졌다.

가시 달려
집 잘 지킨다
울타리로 이용하더니만

철망이 나온 뒤부터
살 곳마저 잃었다.

*공간적 배경: 탱자나무 울타리
*시간적 배경: 연중
*등장인물: 탱자 어린 열매
*소도구: 철망

●공포: 탱자나무가 가을마다 가시 많은 가지를 많이 뻗었다고 사람들이 전정가위를 들고 와 가지를 마구 잘라냈다.

가지치기(공포)

가시 달려
울타리가 되었다.

집 지켜주고
과수원 과일도 지켜주었다.

봄부터 가을까지
가지 뻗어
치렁치렁

지나가는 사람들
걸리적거린다
과수원 주인 전정가위 들고
싹둑싹둑

*공간적 배경: 탱자나무 가시 울타리

*시간적 배경: 봄부터 가을까지

*등장인물: 탱자나무, 지나가는 사람들

*음향: 탱자나무 가시 잘리는 소리

*소도구: 전정가위

● 절망: 포크레인이 와서 탱자나무 울타리 탱자나무를 모두 파냈다.

탱자나무 울타리 없애다(절망)

탱자나무 울타리
이제 쓸모없다

철망 울타리
보기 좋고
일손 덜어준다.

탱자 울타리
굴삭기로
모두 뽑아냈다.

햇볕에 말려
불 태웠다.

*공간적 배경 탱자나무 울타리

*시간적 배경: 연중

*등장인물: 탱자나무, 포크레인

*음향: 탱자나무 가지 불에 타는 소리, 포크레인 소리

*소도구: 철조망 울타리

●고독: 탱자나무가 있는 곳을 몰라 호랑나비들이 찾아오지 않는다.

호랑나비(고독)

탱자나무는
호랑나비네 집

호랑나비
탱자잎에 알을 낳고

애벌레가 깨어나면
탱자잎 먹고 살아요.

탱자나무 울타리 거둬내
알 낳은 곳 없어졌어요.

종일 탱자나무 찾아서
호랑나비
팔랑팔랑
비틀비틀

*공간적 배경: 탱자나무 울타리

*시간적 배경: 연중
*등장인물: 탱자나무, 호랑나비
*소도구: 호랑나비네 집

●분노: 탱자나무 가시 달렸다고 가지가 잘려나간 것도 원통한데 탱자나무가 필요 없다고 뿌리째 뽑아냈다. 우리 종족이 멸종이 되고 있다. 죄 지은 것도 없는데 가시가 많다고 울타리로 쓰더니 철조망이 나온 뒤로 우리들을 모두 파냈다.

우리는 살고 싶다(분노)

탱자나무 가시가
쓸모있다
울타리 만들었다.

가지가 거추장스럽다
전정가위 싹둑싹둑

탱자나무 울타리
모두 파헤쳤다.

가시가 쓸모있다
울타리 치더니

모두 거둬내고
철조망으로
모두 바꿨다.

*공간적 배경: 탱자나무 가시울타리
*시간적 배경: 연중
*등장인물: 탱자나무들

연습 문제·13

●위의 예시와 같이 탱자나무와 관련된 정서체험들 중 슬픔, 기쁨, 허무, 공포, 절망, 고독, 분노, 그리움 등 가장 인상에 남는 정서 하나를 선택하여 이미지 데생을 해보시오. 그리고 이미지 데생을 바탕으로 형상화 구성하기를 실습을 위한 연극시를 완성해보세요.

이미지 데생

●

형상화(연극시) 구성하기

탱자나무, 탱자꽃(　　　)

*공간적 배경:

*시간적 배경:

*등장인물:

*음향:

*조명:

*소도구:

청미래덩굴 소재 이미지 데생과 형상화(연극시) 구성하기

이미지 데생

●슬픔: ① 경상도 사투리 망개는 호남 명감. 맹감이라 부르는 청미래덩굴 이름을 지방마다 다르게 부른다. ② 봄 어린 순을 뻗었는데 아주머니들이 어린 순과 잎을 뜯어갔다.
●기쁨: 잘 익은 열매가 도시의 꽃집에 팔려갔다. 꽃꽂이사에 의해 기생충 영화촬영장 부잣집 장식용으로 장식되었다.
●허무: 지나가는 나무꾼, 등산객들 옷소매 부여잡고 우리들의 청청한 미래 청사진을 듣고 가라고 졸랐다. 그러나 경상도 사람들은 이파리를 따다가 망개떡을 만들고, 호남 사람들은 명감, 댕감이라고 놀려댔다.
●공포: 청미래덩굴, 뿌리 토복령을 캐러온 약초꾼들과 줄기를 자르러 온 꽃꽂이사들이 산으로 우리들을 찾아왔다.
●절망: 약초꾼들이 곡괭이를 들고 내 뿌리를 파내기 시작했다.
●고독: 덩굴과 가시로 귀찮게 한다며 내 옆을 지나가는 동물들도 나를 피해간다.
●분노: 어린 순과 잎도 나물로 무쳐먹는다고 끊어가더니 가을 되니 뿌리째 뽑아갔다.

형상화(연극시) 구성하기

●슬픔: ① 경상도에서는 망개라 부르고 호남지방에는 명감, 맹감이라고 지방마다 청미래덩굴을 다르게 부른다.

청미래 덩굴(슬픔)

사람들마다
이름을 바꿔 불렀다.

내 이름은
청미래 덩굴
조상님들은
뿌리깊은
토복령

경상도 사람들은
망개라 부르고
잎을 따다가
떡을 감쌌다
망개떡

호남 방언으로는
명감, 맹감

　*공간적 배경: 산과 들
　*시간적 배경: 연중
　*등장인물: 청미래덩굴, 토복령
　*소도구: 망개떡, 청미래열매

●슬픔: ② 봄 어린 순을 뻗었는데 아주머니들이 어린 순과 잎을 뜯어갔다.

청미래덩굴(슬픔)

봄이 오면
덩굴손을 내밀었다,

가끔
아주머니들이
덩굴손과 여린 잎을
삭둑 분질러 가져갔다.

너무 미워
가시 품고 살아왔다.

   *공간적 배경: 산
   *시간적 배경: 봄
   *등장인물: 청미래덩굴
   *음향: 청미래덩굴 부러지는 소리
   *소도구: 청미래덩굴 가시

●허무: 지나가는 나무꾼, 등산객들 옷소매 부여잡고 우리들의 청청한 미래 청사진을 듣고 가라고 졸랐다. 그러나 경상도 사람들은 이파리를 따다가 망개떡을 만들고, 호남 사람들은 명감, 댕감이라고 놀려댔다.

청미래덩굴(허무)

산비탈 자갈밭 비집고

청미래덩굴 뿌리 내렸다.
봄날 줄기 사방으로 들이밀었다.

이웃나무 가지 붙잡기도 하고
땅바닥 엉금엉금

지나가는 나무꾼
바짓가랑이 끌어당겼다가
낫으로 잘렸다.

산짐승
등산객들 가까이 다가오면
가시덩굴로 옷가지 움켜잡았다.

우리들도
청청한 미래가 있다.
하소연했다.

경상도 사람들은
"와, 이라노. 놔라 놔
니 정말 이러기냐?"
이파리 모두 뜯어갔다.
망개떡 만들어 씹었다.

호남 사람들은
"명감, 땡감, 내 옷 찢어져 불어야
이 징한 것들을 봐라."

허준 선생
『동의보감』에 나오는
"토복령도 모르느냐?"

　　*공간적 배경: 산비탈 자갈밭
　　*시간적 배경: 연중
　　*등장인물: 청미래덩굴, 산짐승, 등산객
　　*소도구: 토복령

●공포: 청미래덩굴, 뿌리 토복령을 캐러온 약초꾼들과 줄기를 자르러 온 꽃꽂이사들이 산으로 우리들을 찾아왔다.

약초꾼과 꽃꽂이사

가을
약초꾼들, 꽃꽂이사들
곡괭이, 전정가위 들고
산골짜기 찾아왔다
약초꾼들
뿌리째 뽑아
한약방에 팔아넘겼다.

가지 모두 잘라
꽃꽂이사에게 팔아 넘겼다.

전정가위로 삭둑 잘려
실내 장식 꾸몄다

빨간 청미래 열매
데롱데롱

*공간적 배경: 산
*시간적 배경: 가을
*등장인물: 청미래덩굴 줄기, 열매, 뿌리. 약초꾼
*소도구: 곡괭이, 전정가위

● 절망: 약초꾼들이 곡괭이를 들고 내 뿌리를 파내기 시작했다.

약초꾼들(절망)
가을
산골짜기
청미래덩굴
약초꾼들 눈에 띄었다.

곡괭이 들고
땅을 파헤쳤다.

쿵쾅쿵쾅
우둘투둘
숨은 뿌리
통째로 뽑혔다.

*공간적 배경: 산골짜기
*시간적 배경: 가을

*등장인물: 청미래덩굴, 약초꾼
*음향: 곡괭이질 소리
*소도구: 곡괭이

●고독: 덩굴과 가시로 귀찮게 한다며 내 옆을 지나가는 동물들도 나를 피해간다.

청미래덩굴(고독)

덩굴 줄기
다른 나무 붙들고
쭉쭉 뻗었다.
가을
청미래덩굴 열매
보기좋게 꾸며놓았다.

고라니, 노루
우리들 곁에 다가오지 않았다.
지나가는 산짐승들
줄기로 발목 잡고
가시로 콕콕 찔러 주었기 때문이다.
빨간 열매 내보이며
배고픈 산새들 기다리는
산골짜기
산타클로스
겨우내

크리스마스 장식으로 남았다.

*공간적 배경: 산골짜기
*시간적 배경: 가을
*등장인물: 청미래덩굴 줄기, 가시, 열매, 고라니, 노루,
　　　　　산짐승들
*소도구: 크리스마스 장식품

● 분노: 어린 순과 잎도 나물로 무쳐먹는다고 끊어가더니 가을 되니 뿌리째 뽑아갔다.

청미래덩굴(분노)

봄이 되어
여린 덩굴손 잎을 내밀었더니
산마을 아낙네들
삭둑 잘라갔다.
봄나물이 되었다.

가을 되니
약초꾼들 찾아와
곡괭이로 뿌리째 뽑아갔다.
우리들의 미래를 청한다.
청와대 민원이다.

*공간적 배경: 산골짜기
*시간적 배경: 봄

*등장인물: 청미래덩굴, 산마을 아낙네들
*음향: 청미래덩굴 잘리는 소리, 곡괭이질 소리
*소도구: 곡괭이

연습 문제·14

●위의 예시와 같이 청미래덩굴과 관련된 정서체험들 중 슬픔, 기쁨, 허무, 공포, 절망, 고독, 분노, 그리움 등 가장 인상에 남는 정서 하나를 선택하여 이미지 데생을 해보시오. 그리고 이미지 데생을 바탕으로 형상화 구성하기를 실습을 위한 연극시를 완성해보세요.

이미지 데생

●

형상화(연극시) 구성하기

청미래덩굴(   )

*공간적 배경:

*시간적 배경:

*등장인물:

*음향:

*조명:

*소도구:

갈풀 소재로 이미지 데생과 형상화(연극시) 구성하기

이미지 데생

●포용: 강가 갈풀 무더기 유월 꽃을 피웠다. 강물을 지키는 갈풀 바람의 개구쟁이 장난질을 모두 받아주며 강물을 위해 날마다 열병식을 올리는 강을 지키는 갈풀 군대라는 생각을 해보았다.

형상화(연극시) 구성하기

갈풀(포용)

끊임없이 흐르는 강
강변은 갈풀 무리들이 지킵니다.

물새들이
보금자리 틀 때까지
꼭꼭 지켜줍니다.

강을 건너오고 건너가는
바람들이 강물을 긁어댑니다.
강물은 주름살을 실룩거리며 한숨을 내쉽니다.

화난 강물이
갈풀 쪽으로 달려들어
철썩철썩

자꾸만 하소연해댑니다.

물풀은 강물과 바람을 모두 받아들입니다.
지나친 바람들의 개구쟁이 장난질에 대해
바람이 하는 대로 온몸을 맡기며
친절하게 타이릅니다.

바람이 멈출 때까지
허리 굽혀 공손하게
인사를 되풀이해댑니다.

유월이 되자
갈풀들이
총채 같은 꽃을 모두 피워 올렸습니다.

강물은
바람이 불어도
멈추지 않고 흘러갔습니다.

갈풀들은
강물을 향하여 "받들어 꽃"
강물을 위해
날마다 열병식을 올리고 있었습니다.

　*공간적 배경: 강변
　*시간적 배경: 봄부터 가을까지
　*등장인물: 갈풀, 강물

연습 문제·15

● 위의 예시와 같이 갈풀과 관련된 정서체험들 중 슬픔, 기쁨, 허무, 공포, 절망, 고독, 분노, 그리움 등 가장 인상에 남는 정서 하나를 선택하여 이미지 데생을 해보시오. 그리고 이미지 데생을 바탕으로 형상화 구성하기를 실습을 위한 연극시를 완성해보세요.

이미지 데생

●

형상화(연극시) 구성하기

갈풀(   )

*공간적 배경:

*시간적 배경:

*등장인물:

*음향:

*조명:

*소도구:

오리새 소재 이미지 데생과 형상화(연극시) 구성하기

이미지 데생

　오리새: 유럽과 서아시아 원산으로 전국의 길가나 강둑에 자라는 여러해살이풀이다. 꽃은 5~8월에 피고 열매는 7~9월에 익는다. 가축 먹이, 높이 1m 정도이며 곧게 서고 연한 녹색이다. 길가나 산기슭에서 자란다. 유라시아와 북아프리카에 수 종, 우리나라에는 귀화 1종이 분포한다.

　●슬픔: 저수지 둑방길 오리새가 꽃대에 찌같은 꽃을 피우고 바람에 흔들거렸다.
　●기쁨: 오월 영산강 자전거길 옆 자전거 타는 사람들을 맞이하는 기쁨으로 살아간다.
　●허무: 꽃망울 꼿꼿이 세웠다. 터뜨려서 붉은 꽃잎 펼쳐졌다. 꽃잎 떨어졌다.
　●공포: 장마가 졌다. 홍수가 나서 강물이 넘쳐 우릴 덮쳤다.
　●절망: 강물이 빠지지 않는다. 숨이 막혀 죽을 지경이다.
　●고독: 영산강 둔치에 피었다. 풀숲이 우거져 아무도 찾지 않는다.
　●분노: 피 끓는 내 심장이다. 목 길게 늘어드려 기다렸으나 어릴 적 자주 찾아오던 고라니도 고뻬기도 볼 수 없고 지나칠 때도 본체만체 했다.

형상화(연극시) 구성하기

●슬픔: 저수지 둑방길 오리새가 꽃대에 찌같은 꽃을 피우고 바람에 흔들거렸다.

오리새(슬픔)

오월
시골 저수지 둑방
오리새
낚시꾼들 찾아왔다.

낚시줄
물풀 사이
던져놓았다.

오리새 꽃대
찌 매달아
바람에 한들한들

  *공간적 배경: 시골 저수지 둑방
  *시간적 배경: 오월
  *등장인물: 오리새, 낚시꾼
  *소도구: 낚시줄, 찌

●기쁨: 오월 영산강 자전거길 옆 자전거 타는 사람들을 맞이하는 기쁨으로 살아간다.

오리새(기쁨)

오월
영산강 자전거길 주변
오리새 꽃 피었다.

자전거
페달 밟은 사람들

온몸으로
흔들흔들

　*공간적 배경: 영산강 자전거길 주변
　*시간적 배경: 오월
　*등장인물: 오리새, 자전거 타는 사람들
　*음향: 자전거 페달 밟는 소리

●허무: 꽃대 꼿꼿이 세웠다. 벼가 아니다. 벼를 닮았지만 알맹이가 없다.

오리새(허무)

꽃대 높이 쳐들었다.
벼논에 날아든 새
벼가 아닌 새를 붙였다.

벼 흉내

내보았다.
가짜는 진짜처럼
빨리 높이 꽃대 올렸다.

오리 모가지
길게 내밀고
고개 절래절래

　*공간적 배경: 벼논
　*시간적 배경: 봄
　*등장인물: 오리새 꽃대, 농부

●공포: 장마가 졌다. 홍수가 나서 강물이 넘쳐 우릴 덮쳤다.

오리새(공포)

장마철
연일 비가 내려요.

강물이 넘쳐
강변 둔치로
마구 달려들었어요.

흙탕물 위로
오리목 내밀고
바둥바둥

*공간적 배경: 강변 둔치
*시간적 배경: 장마철
*등장인물: 오리새, 강물

● 절망: 강물이 빠지지 않는다. 숨이 막혀 죽을 지경이다.

오리새(절망)

강물이 빠지지 않는다.
내 몸이
물에 젖어 썩기 시작한다.

숨이 차오른다.
황토강물에 잠긴지
오일 째다.

● 고독: 영산강 둔치에 피었다. 풀숲이 우거져 아무도 찾지 않는다.

오리새(고독)

영산강 둔치
풀숲에 가려졌다.

아무도 찾아와 주지 않는다.
어릴 때
입 맞추고 간 고라니도 찾아오지 않는다.

*공간적 배경: 영산강 둔치
　　*시간적 배경: 봄부터 여름 사이
　　*등장인물: 오리새

●분노: 피 끓는 내 심장이다. 목 길게 늘어뜨려 기다렸으나 어릴 적 자주 찾아오던 고라니도 코빼기도 볼 수 없고 지나칠 때도 본체만체 했다.

오리새(분노)

피 끓는 내 심장
이제 빈껍데기로 남았다.

목 길게 늘어뜨려
목 빠지게 기다렸다.

어릴 적
여린 잎 뜯으러
자주 찾던 고라니
본체만체 했다.

　　*공간적 배경: 장소 미상
　　*시간적 배경: 화자의 어린 시절
　　*등장인물: 오리새, 고라니, 화자

연습 문제·16

●위의 예시와 같이 오리새와 관련된 정서체험들 중 슬픔, 기쁨, 허무, 공포, 절망, 고독, 분노, 그리움 등 가장 인상에 남는 정서 하나를 선택하여 이미지 데생을 해보시오. 그리고 이미지 데생을 바탕으로 형상화 구성하기를 실습을 위한 연극시를 완성해보세요.

이미지 데생

●

형상화(연극시) 구성하기

오리새(   )

*공간적 배경:

*시간적 배경:

*등장인물:

*음향:

*조명:

*소도구:

동물 이미지 데생과 형상화(연극시)
구성하기 실습

흑염소 소재 이미지 데생과 형상화(연극시) 구성하기

이미지 데생

● 슬픔: 탕제원 아저씨 트럭에 실려간 흑염소, 멍하니 바라보고 있는 흑염소농장 염소들.
● 기쁨: 사육장에서 겨울을 보낸 흑염소를 봄이 되자 풀어놓았다. 우르르 풀밭을 향해 달려가고 있었다.
● 허무: 저녁노을 무인도에 흑염소 방금 전 낭떠러지에 떨어져 죽은 흑염소를 바라보고 있었다.
● 공포: 바닷가 낭떠러지 밑에서 피투성이 꿈틀대는 흑염소를 바라보고 벼랑 위 흑염소들이 부르르 떨고 있었다.
● 절망: 염소사육장 문을 열고 주인이 총을 들고 들어왔다. 덩치 큰 염소를 잡으려다가 잡지 못했다. 그러자 한쪽 문을 열어 염소들이 빠져나가게 하다가 덩치 큰 염소를 못 빠져나가게 한 뒤 주인은 총을 꺼내 덩치 큰 염소를 겨누었다.
● 고독: 사육장 늙은 흑염소 한 마리가 일어서지 못하고 되새김질을 하고 있다.
● 분노: "염소 삽니다." 나발을 불고 온 동네 돌아다니는 개장수에게 주인은 흑염소를 팔았다. 사료 값도 안 나와 판다는 말을 듣고 그동안 쌓은 정보다 나를 돈으로 환산하는 것을 보고 부르르 치가 떨린다.

형상화(연극시) 구성하기

● 슬픔: 탕제원 아저씨 트럭에 실려간 흑염소, 멍하니 바라보고 있는 흑염소농장 염소들

흑염소(슬픔)

염소농장
탕제원 아저씨 오는 날
흑염소 한 마리

철망 안에 갇혀
봉고 트럭에 실려 갔다.

매에매에
팔려가는 염소
검은 눈물 뚝뚝

멍하니 바라보는
흑염소들
뒷발질하고 있었다.

  *공간적 배경: 염소농장
  *시간적 배경: 연중
  *등장인물: 흑염소, 탕제원 아저씨, 봉고 트럭
  *음향: 봉고 트럭 달려가는 소리
  *소도구: 철망

●기쁨: 사육장에서 겨울을 보낸 흑염소를 봄이 되자 풀어놓았다. 우르르 풀밭을 향해 달려가고 있었다.

흑염소(기쁨)

겨우내 사육장 우리에 갇혀서
마른 풀과 사료만
먹고 지냈다.

봄이 되자
농장 풀밭
새싹 파릇파릇

주인이 풀밭 쪽
철문을 활짝 열었다.

우르르
대장 염소 따라
풀밭으로 펄쩍펄쩍 뛰어나갔다.

살랑살랑
봄바람
풀잎 향기
풀풀풀

혀끝에 감기는
풀잎 감칠맛
침 질질

*공간적 배경: 염소 사육장, 농장 풀밭

*시간적 배경: 봄
*등장인물: 흑염소, 주인
*음향: 흑염소 풀잎 뜯는 소리
*소도구: 풀잎

●허무: 저녁노을 무인도에 흑염소 방금 전 낭떠러지에 떨어져 죽은 흑염소를 바라보고 있었다.
●공포: 바닷가 낭떠러지 밑에서 피투성이 꿈틀대는 흑염소를 바라보고 벼랑 위 흑염소들이 부르르 떨고 있었다.

실족사(허무, 공포)

완도 약산 바다
무인도에 흑염소
한 쌍 풀어놓았다.

사오년 지나
무인도는
흑염소 우글우글

닥치는 대로
돋아난 풀과 나뭇잎
야금야금
가파른 낭떠러지
바위틈 돋아난 풀도
모두 뜯어먹었다.

저녁노을
절벽 위에서
바다를 바라보았다.
발밑 출렁출렁
절벽 부딪치는 파도
하얀 물보라

흑염소 한 마리
낭떠러지 돋아난
방풍나물 뜯어 먹으러
바위를 타다
헛발 내딛다
떨어졌다.

피투성이
흑염소
파도가 쓸어갔다.

매에매에 매매
낭떠러지 내려다보는
흑염소 떼
눈망울 그렁그렁
까치노을 반짝반짝

  *공간적 배경: 완도 약산, 낭떠러지
  *시간적 배경: 봄부터 가을 사이
  *등장인물: 흑염소

*음향: 염소 울음소리

●절망: 염소사육장 문을 열고 주인이 총을 들고 들어왔다. 덩치 큰 염소를 잡으려다가 잡지 못했다. 그러자 한쪽 문을 열어 염소들이 빠져나가게 하다가 덩치 큰 염소를 못 빠져나가게 한 뒤 주인은 총을 꺼내 덩치 큰 염소를 겨누었다.

흑염소 사냥(절망)

흑염소 사육장
주인이 들어왔다.

이리저리 왔다갔다
두리번두리번

덩치 큰 염소와
술래잡기

주인이 한쪽 문 열어놓았다.
염소들이 우르르 몰려나갔다.

미처 빠져나가지 못한
덩치 큰 염소
가쁜 숨 내쉬며
부들부들

주인은 나를 향해

총부리를 겨누었다.

*공간적 배경: 흑염소 사육장
*시간적 배경: 봄부터 가을 사이
*등장인물: 흑염소, 주인
*음향: 총소리

●고독: 사육장 늙은 흑염소 한 마리가 일어서지 못하고 되새김질을 하고 있다.

흑염소 되새김질(고독)

사육장 우리
늙은 흑염소

한때는
무리를 이끌었던
대장도 지냈다.

무리에
늘 뒤처졌다.

주인은
보호 사육장 우리에
가두었다.

가져다 준

풀잎 다 먹고
우두커니 풀밭 바라보고
되새김질하고 있었다.

　　*공간적 배경: 흑염소 사육장
　　*시간적 배경: 봄부터 가을 사이
　　*등장인물: 늙은 흑염소, 주인
　　*음향: 염소 되새김질 소리

●분노: "염소 삽니다." 나발을 불고 온 동네 돌아다니는 개장수에게 주인은 흑염소를 팔았다. 사료 값도 안 나와 판다는 말을 듣고 그동안 쌓은 정보다 나를 돈으로 환산하는 것을 보고 부르르 치가 떨린다.

　　팔려가는 흑염소(분노)

　　시골 마을
　　개장수가 왔다.

　　온 동네 골목골목
　　봉고 트럭 몰고 다니며
　　"개나 염소 삽니다."
　　확성기 틀어놓았다.

　　주인이 문밖에 나가
　　개장수 불러왔다.

주인은
흑염소 우리에서 흑염소 목줄 끌고
개장수에게 넘겨주었다.

흑염소 갑자기 뿔 들이밀고
펄쩍펄쩍
목줄 팽팽히 버티다가
트럭 위 쇠 철망에 갇혀 실려 갔다.

　*공간적 배경: 시골 마을
　*시간적 배경: 연중
　*등장인물: 흑염소, 개장수, 주인
　*음향: 봉고 트럭 소리
　*소도구: 봉고 트럭, 쇠 철망

연습 문제·17

●위의 예시와 같이 흑염소와 관련된 정서체험들 중 슬픔, 기쁨, 허무, 공포, 절망, 고독, 분노, 그리움 등 가장 인상에 남는 정서 하나를 선택하여 이미지 데생을 해보시오. 그리고 이미지 데생을 바탕으로 형상화 구성하기를 실습을 위한 연극시를 완성해보세요.

이미지 데생

●

형상화(연극시) 구성하기

흑염소(　　　)

*공간적 배경:

*시간적 배경:

*등장인물:

*음향:

*조명:

*소도구:

박쥐 소재 이미지 데생과 형상화(연극시) 구성하기

이미지 데생

●슬픔: ① 우리가 사는 곳에 사람들이 들락거린다. 우리들이 살던 동굴도 관광지로 개발하고 산들이 모두 도로와 집터로 바뀌어 우리들이 살 곳이 없어졌다. ② 흡혈박쥐 때문에 우리들을 두려워한다. 해충을 잡아주고 과일만 먹는 종족들도 있는데 사람들은 우리들을 싫어한다. ③ 동화 속에서 날개가 있으니 날짐승이라 하고, 쥐처럼 포유류라 하고 이리 붙었다 저리 붙었다 하는 이중인격자로 낙인찍어놓았다.

●기쁨: 우리 몸에 병균이 들어와도 우리는 병을 앓지 않는다. 병균을 옮기기는 하지만 우리 몸에서는 꼼짝 못한다. 우리 종족 중에는 병원을 찾는 종족이 없다.

●허무: 평생을 어둠 속에서만 살다가 죽는다. 햇빛 한번 보지 못하고 사는 우리들이다.

●공포: 우리가 사는 동굴을 사람들이 관광할 수 있도록 개발하는 공사가 한창이다. 전깃불이 들어오고 있다.

●절망: 공사가 끝나고 전깃불이 동굴 안을 환하게 밝혔다. 사람들이 몰려오고 있다.

●고독: 떼로 몰려다니는데 박쥐 떼들과 함께 날아다닐 힘이 없다. 늘 혼자 뒤쳐져서 밤하늘을 날고 있다.

●분노: 사람들이 우리 터전을 모두 앗아갔다. 우리가 맘 놓고 잠 잘 곳이 없다. 우리는 잠을 잘 때 둥굴 천정에 거꾸로 매달려 산다. 똥오줌을 처리할 때만 바로 날아서 처리한다.

형상화(연극시) 구성하기

●슬픔: ① 우리가 사는 곳에 사람들이 들락거린다. 우리들이 살던 동굴도 관광지로 개발하고 산들이 모두 도로와 집터로 바뀌어 우리들이 살 곳이 없어졌다.

박쥐 쫓겨나다(슬픔)

도시 주위
버려진 폐광
아무도 찾지 않았다.

관광회사에서는
박쥐가 사는 동굴로
구경꾼 모셔왔다.

일 년 내내
온도가 일정하여
여름에 시원하고
겨울에 따뜻한 도시 쉼터

전깃불 밝히고
먹거리
볼거리
가득 채워놓고 구경 오라고 광고했다.

이제 도시에서

박쥐가 숨어 살 곳은
악취 나는 곳뿐이었다.

박쥐들은
터전을 잃고
갈팡질팡
더 음침한 곳을 찾아
대롱대롱 거꾸로 매달렸다.

　*공간적 배경: 폐광 동굴
　*시간적 배경: 연중
　*등장인물: 박쥐, 동굴 관광객들
　*조명: 전깃불

●슬픔: ② 흡혈박쥐 때문에 우리들을 두려워한다. 해충을 잡아주고 과일만 먹는 종족들도 있는데 사람들은 우리들을 싫어한다.

흡혈박쥐(슬픔)

피 빨아먹는
흡혈박쥐가
전염병을 옮긴다고

칙칙한 동굴 속에서
낮에 잠자고
밤에 해충을 잡아주었는데도

사람들은
우리들을 무조건 미워한다.

과일만 먹고사는
과일 박쥐도 있는데도
사람들에게 도움을 주었는데도

우리를 잡아먹고
무조건 미워한다.

　　*공간적 배경: 동굴
　　*시간적 배경: 연중 밤
　　*등장인물: 흡혈박쥐, 과일박쥐

●슬픔: ③ 동화 속에서 날개가 있으니 날짐승이라 하고, 쥐처럼 포유류라 하고 이리 붙었다 저리 붙었다 하는 이중인격자로 낙인찍어놓았다.

동화 속 주인공(슬픔)

전래동화 속
박쥐는
지킬박사와 하이드

새들한테 가면
날개가 있으니
우리들은 새다.

쥐들한테 가면
우리들은 쥐다.

간에 붙었다 쓸개에 붙었다
갈팡질팡

　*공간적 배경: 미상
　*시간적 배경: 미상
　*등장인물: 박쥐

●기쁨: 우리 몸에 병균이 들어와도 우리는 병을 앓지 않는다. 병균을 옮기기는 하지만 우리 몸에서는 꼼짝 못한다. 우리 종족 중에는 병원을 찾는 종족이 없다.

병원이 없다(기쁨)

우리 박쥐는
병균이 몸에 들어와도
병을 앓지 않는다.

남에게 병균을 옮기기는 하지만
우리는 병에 걸리지 않는다.

코로나 시대
우리에겐 코로나도 무섭지 않다.

우리 박쥐들은

병원에 가는 일이 없다.

　　*공간적 배경: 미상
　　*시간적 배경: 미상
　　*등장인물: 박쥐

●허무: 평생을 어둠 속에서만 살다가 죽는다. 햇빛 한번 보지 못하고 사는 우리들이다.

박쥐(허무)

우리는
음지에서 살다가 죽는다.

햇빛 보면
눈이 부셔
눈을 뜰 수 없다.

음지에서 떳떳하게
살다가
아무도 모르게
그날을 맞이한다.

　　*공간적 배경: 동굴
　　*시간적 배경: 연중 밤
　　*등장인물: 박쥐

●공포: 우리가 사는 동굴을 사람들이 관광할 수 있도록 개발하는 공사가 한창이다. 전깃불이 들어오고 있다.

동굴 개방(공포)

사람의 눈에 띄지 않는
칙칙한 동굴 속에서
우리는 대대로 살아왔다.

땅 속에서
필요한 것들을 가져가려고
파놓은 동굴
필요한 것들이 나오지 않자
버려둔 폐광

사람의 눈에 띄었다.
개발업자 눈길 끌었다.

날마다
쿵쾅쿵쾅
구경꾼들 들락거리는
관광지 개발

다이너마이트 폭음소리
들려왔다.
전깃불이 들어왔다.

*공간적 배경: 동굴
　　*시간적 배경: 연중
　　*등장인물: 박쥐, 관광지 개발업자
　　*음향: 공사 소리, 다이너마이트 폭음 소리
　　*소도구: 전깃불

●절망: 공사가 끝나고 전깃불이 동굴 안을 환하게 밝혔다. 사람들이 몰려오고 있다.

　전깃불(절망)

　　동굴 공사 끝나자
　　우리들은 터전을 잃었다.

　　동굴 속에
　　전기불이 켜졌다.

　　사람들이 꾸역꾸역
　　몰려오고 있었다.

　　*공간적 배경: 동굴
　　*시간적 배경: 연중
　　*등장인물: 박쥐, 동굴 관광객들
　　*조명: 전깃불

●고독: 떼로 몰려다니는데 박쥐 떼들과 함께 날아다닐 힘이 없다. 늘 혼자 뒤쳐져서 밤하늘을 날고 있다.

박쥐 떼(고독)

혼자는 외롭다
우리 스스로 지키기 위해
떼거리로 몰려다닌다.

이제 늙어
힘이 없다.

함께 무리 지어
날아다닐 수 없다.
언제나
무리 뒤에 뒤처져
밤하늘을 날고 있다.

 *공간적 배경: 동굴, 하늘
 *시간적 배경: 연중 밤
 *등장인물: 박쥐떼

●분노: 사람들이 우리 터전을 모두 앗아갔다. 우리가 맘 놓고 잠 잘 곳이 없다. 우리는 잠을 잘 때 둥굴 천정에 거꾸로 매달려 산다. 똥오줌을 처리할 때만 바로 날아서 처리한다.

박쥐(분노)

어둠이 좋아라
어둠이 좋아라

컴컴한 어둠은 거리낄 게 없다.

제 잘 났다고 열기를 뿜어대는
원수 같은 해가 싫다. 햇빛이 싫다.
컴컴한 동굴 천정에
거꾸로 매달려 낮을 보냈다.

천정에 거꾸로 매달려 살아야지
이 세상
바로 보고 못 살겠더라

내가 바로 설 때는
바로 서서 바르게 산다고 하는 자들에게
오줌을 갈겨주고 싶을 때뿐이다.

어둠 속에서
거꾸로 살며 올바르게 사는 척하는
지킬박사의 위선보다는
하이드처럼 본능으로 떳떳하게 살고 싶다.
금 수저로 태어나 햇빛 받고 설쳐대는
놈들이 보기 싫어
낮 동안 동굴 속에 숨어서
거꾸로 누워 잠을 자고

밤이 되면
사람들이 사는 마을 불빛을 우르르 몰려가는
해충들을 처단했다.

낮에 잠자고
밤에 활동하는
우리는 야행성
우리는 남에게 그림자를 만들지 않는다.
쥐새끼처럼 남의 것을 훔쳐 먹지 않는다.
사람들에게 구걸하지도 않는다.

어둠을 틈타 사람의 피를 빨아먹기 위해
날아가는 모기떼들을 단죄한 죄 밖에 없다.

밤에만 일한다고
새도 아닌 게 날아다닌다고
우리를 함부로 비난하지 말아라.
오직
의로운 일에 앞장서고
오른 손이 한 일 왼손이 모르게 살아왔다.

우리들에게 조명을 들이대지 마라.
우리는 익명으로 살고 싶다.

*공간적 배경: 동굴 천정
*시간적 배경: 봄부터 가을까지 밤
*등장인물: 박쥐, 해충

연습 문제 · 18

● 위의 예시와 같이 박쥐와 관련된 정서체험들 중 슬픔, 기쁨, 허무, 공포, 절망, 고독, 분노, 그리움 등 가장 인상에 남는 정서 하나를 선택하여 이미지 데생을 해보시오. 그리고 이미지 데생을 바탕으로 형상화 구성하기를 실습을 위한 연극시를 완성해보세요.

이미지 데생

●

형상화(연극시) 구성하기

박쥐(   )

*공간적 배경:
*시간적 배경:
*등장인물:
*음향:
*조명:
*소도구:

붕어 소재 이미지 데생과 형상화(연극시) 구성하기

이미지 데생

● 슬픔: ① 낚시꾼들의 낚시에 걸렸다. ② 알을 까놓자마자 수컷이 달려들어 정자를 뿌리기도 전에 식용개구리 올챙이들이 달려들어 까놓은 알을 모두 먹어버렸다.
● 기쁨: 오늘 초파일 부처님 오시는 날 붕어를 방생했다.
● 허무: 그렇게도 조심스럽게 행동해서 낚시꾼들의 낚시를 물지 않던 친구붕어가 통발에 걸려 끌려갔다.
● 공포: 알을 까려 상류로 오르는 물길 위에 해오라기들이 기다리고 있었다.
● 절망: ① 그물에 걸렸다. 빠져나오려고 몸부림쳤으나 그럴수록 그물이 조여왔다. 어부가 그물을 끌어올리고 있다. ② "붕어즙 팝니다." 고내는 집, 찜통 속으로 붕어가 들어갔다.
● 고독: 상류에서 기다리고 수컷 붕어들, 기다려도 암컷 붕어들이 올라오지 않는다.
● 분노: '나는 자연인이다' 프로그램에 나오는 자연인이 웅덩이를 파고 붕어들을 길렀다. 방송 출연하는 날 쪽대로 우리들을 잡아갔다. 방송국 사람들 때문에 우린 죽었다.

형상화(연극시) 구성하기

● 슬픔: ① 낚시꾼들의 낚시에 걸렸다.

걸렸다(슬픔)

물 속
헤엄치다가
지렁이 줄에 매달려
꿈틀꿈틀

처음 보는
먹이
먹음직스러워
주위를 맴돌았다.

몇 번
망설이다가
입 크게 벌리고
덥석 물었다.

날카로운 바늘이
꾹 찌르는 순간
몸이 붕 떴다.

   *공간적 배경: 물 속
   *시간적 배경: 연중
   *등장인물: 붕어, 지렁이, 낚시 바늘

●슬픔: ② 알을 까놓자마자 수컷이 달려들어 정자를 뿌리기도 전에 식용개구리 올챙이들이 달려들어 까놓은 알을 모두 먹어버렸다.

올챙이(슬픔)

봄
엄마 붕어 알 낳으려고
물길 거슬러
물풀을 찾아갔다.

봄볕이 쨍쨍
미지근한 물 온도
알 낳기 안성맞춤

알을 낳자마자
아빠 붕어
알 위에 이리를 뿌렸다.

식용개구리 올챙이들
마구 달려들었다.

아빠 붕어 말려도
끈질기게 따라 붙어
빠끔빠끔
야금야금 냠냠

  *공간적 배경: 물 속
  *시간적 배경: 봄
  *등장인물: 붕어, 식용 개구리 올챙이들
  *소도구: 물풀

● 기쁨: 오늘 초파일 부처님 오시는 날 붕어를 방생했다.

방생(기쁨)

초파일
붕어사 마당
등이 주렁주렁 매달려 있다.

공양간 앞
큰 수조에
붕어들이 파닥파닥

불공 드리려 온 사람들이
작은 봉지 붕어
한 마리씩 들고
저수지에 풀어놓았다.

여기저기
붕어들이
꼬리지느러미
살래살래
깊은 물속으로 사라졌다.

  *공간적 배경: 붕어사 마당, 저수지
  *시간적 배경: 사월 초파일
  *등장인물: 붕어
  *소도구: 봉지

●허무: 그렇게도 조심스럽게 행동해서 낚시꾼들의 낚시를 물지 않던 친구붕어가 통발에 걸려 끌려갔다.

통발 갇혔다(허무)

물밑
통발 속
맛있는 먹이

붕어들
통발 주위를 맴돌다가
통발 구멍 속으로 쏙쏙
허겁지겁 냠냠
배불리 먹었다.

이제 돌아갈 때
들어온 문
찾지 못해 허둥지둥

발버둥거렸으나
통발 속만 빙빙

이제 미로에
그만 갇혔다.
꼼짝할 수가 없다.

*공간적 배경: 물 속 통발

*시간적 배경: 연중
*등장인물: 붕어

●공포: 알을 까려 상류로 오르는 물길 위에 해오라기들이 기다리고 있었다.

해오라기 기다리다(공포)

뱃속에 알을 품은
붕어들이
강물을 거슬러
위로 올라갔다.

큰 강
군데군데
작은 강을 만나면
작은 강을 따라
위로 거슬러 올라갔다.

작은 강가에는
해오라기, 왜가리, 백로들이
기다리고 있었다.
해오라기
부리 끝으로
물고기들 꼭꼭

파닥파닥

발버둥거리는 물고기들을
이제 죽은 목숨 되었다.

　　*공간적 배경: 강물 속
　　*시간적 배경: 봄
　　*등장인물: 붕어, 해오라기, 왜가리, 백로

● 절망: ① 그물에 걸렸다. 빠져나오려고 몸부림쳤으나 그럴수록 그물이 조여왔다. 어부가 그물을 끌어올리고 있다.

그물에 걸렸다(절망)

물고기들이
강물 속을
헤엄치다가
그만 그물에 걸렸다,

파닥파닥
몸부림칠수록
그물이 점점 조여 왔다.

그물을 발견하고
강물 위로 펄쩍
뛰어넘은 물고기만
그물을 피해갔다.

그물이 끌어

올라갔다.
물 밖 세상 구경
숨이 막혔다.

　*공간적 배경: 물 속
　*시간적 배경: 연중
　*등장인물: 붕어
　*소도구: 그물

● 절망: ① "붕어즙 팝니다." 건강원, 압력솥 속으로 붕어가 들어갔다.

물고기 즙 팝니다(절망)

그물에 잡힌
물고기들이 끌려와
큰 고무물통 속으로 옮겨졌다.

차에 실려
건강원으로 갔다.
유리문에 써놓은 낱말들
"붕어즙, 가물치즙, 각종 엑기스 팝니다."
커다란 압력솥
물을 채우고
물고기와 여러 가지 한약재 넣었다.
파닥파닥 몸부림쳤다.
온몸이 뜨거워졌다.

아가미 들썩들썩
숨이 가빴다.

점점
힘이 빠져가고 있었다.

　　*공간적 배경: 물 속, 고무물통, 건강원 압력솥
　　*시간적 배경: 연중
　　*등장인물: 붕어, 자동차
　　*소도구: 고무물통, 한약재

●고독: 상류에서 기다리고 수컷 붕어들, 기다려도 암컷 붕어들이 올라오지 않는다.

　　오지 않는다(고독)

　　강의 상류
　　호수의 얕은 물풀은
　　붕어들의 산란장

　　아빠 붕어들
　　먼저 올라와
　　산후 조리방 꾸몄다.

　　엄마 붕어들이
　　올 때까지
　　파닥파닥

기다려도 기다려도
엄마 붕어
소식이 없다.

　*공간적 배경: 강이나 호수
　*시간적 배경: 봄
　*등장인물: 붕어

●분노: '나는 자연인이다' 프로그램에 나오는 자연인이 웅덩이를 파고 붕어들을 길렀다. 방송 출연하는 날 쪽대로 우리들을 잡아갔다. 방송국 사람들 때문에 우린 죽었다.

방송 출연(분노)

나는 자연이다
텔레비전 방송이 인기다.

산속 자연인
집 주위에 웅덩이를 팠다.

저수지에서
통발로 우리를 데리고 와
웅덩이에 넣고 길렀다.

자연인과 함께
붕어들이 살았다.

방송국 카메라가 오던 날
우리는 방송에 출연했다.

방송에 나오면
출연료를 받는데
붕어들이 출연료가 되었다.

붕어들이 잡혀
매운탕이 되었다.

  *공간적 배경: 산속, 저수지
  *시간적 배경: 연중
  *등장인물: 붕어, 방송국 진행자, 나는 자연인이다 주인공
  *소도구: TV 방송 촬영기계, 통발

연습 문제·19

● 위의 예시와 같이 붕어와 관련된 정서체험들 중 슬픔, 기쁨, 허무, 공포, 절망, 고독, 분노, 그리움 등 가장 인상에 남는 정서 하나를 선택하여 이미지 데생을 해보시오. 그리고 이미지 데생을 바탕으로 형상화 구성하기를 실습을 위한 연극시를 완성해보세요.

이미지 데생

●

형상화(연극시) 구성하기

붕어(   )

*공간적 배경:

*시간적 배경:

*등장인물:

*음향:

*조명:

*소도구:

파리 소재 이미지 데생과 형상화(연극시) 구성하기

이미지 데생

● 슬픔: 구수한 음식 냄새를 맡고 마구 달려가다가 그만 거미줄에 걸렸다.

● 기쁨: ① 된장 항아리를 열어놓았다. 때는 이때다, 쉬파리들이 기회를 엿보다가 된장항아리 속으로 들어갔다. 그리고 알을 깠다. ② 사과를 깎아먹고 사과 껍질을 베란다에다 버려놓았다. 초파리들이 방충망을 뚫고 달려들었다.

● 허무: 된장 항아리가 없어졌다.

● 공포: ① 거미줄에서 몸부림쳤으나 거미줄이 내 몸을 짓눌렀다. 왕거미가 다가오고 있다. ② 파리채를 들고 나를 향해 내리 치려고 한다. ③ 잠자리가 나를 나꿔 채갔다.

● 절망: 에프 킬라를 마구 뿌려댔다. 힘없이 날던 파리들이 날아가 툭툭 떨어졌다.

● 고독: 산에 사는 파리다. 좀처럼 등산객들이 음식을 펼쳐 들고 밥을 먹지 않는다. 등산객들을 기다려도 코로나 시대인지 오지 않는다.

● 분노: 된장 항아리에 파리가 알을 까놓았다. 그런데 다시 가보니 된장이 없어졌다. 된장국을 끓이는데 넣어버렸다.

● 파렴치: 음식상에 제멋대로 날아들어 주인처럼 음식을 맛본다. 쫓아내도 다시 달려들었다. 파렴치한 파리들이다.

형상화(연극시) 구성하기

● 슬픔: 구수한 음식 냄새를 맡고 마구 달려가다가 그만 거미줄

에 걸렸다.

거미줄에 걸렸다(슬픔)

휴일
시골 할머니댁
아들 며느리 손주들이 찾아왔다.

오랜만에
왁자지껄
부엌에서 바빠졌다.

구수한
음식 냄새
파리떼 몰려왔다.

거미줄에
파리들이 걸려
출렁출렁

　*공간적 배경: 시골 할머니댁, 부엌
　*시간적 배경: 휴일
　*등장인물: 파리떼, 할머니 아들, 며느리, 손주들
　*소도구: 거미줄

●기쁨: ① 된장 항아리를 열어놓았다. 때는 이때다, 쉬파리들이 기회를 엿보다가 된장항아리 속으로 들어갔다. 그리고 알을 깠다.

쉬파리(기쁨)

장독대
된장 뚜껑
열렸다

주위 맴돌던 쉬파리
된장 냄새 맡았다.

윙윙윙
된장 항아리 속 들어가
알 실었다.

 *공간적 배경: 장독대 된장 항아리
 *시간적 배경: 봄부터 가을 사이
 *등장인물: 쇠파리

●기쁨: ② 사과를 깎아먹고 사과 껍질을 베란다에다 버려놓았다. 초파리들이 방충망을 뚫고 달려들었다.

초파리(기쁨)

사과를 깎아 먹고
껍질은
아파트 베란다에 버렸다.
초파리 냄새 맡았다.
방충망 뚫고

우르르 달려들어 왔다.

우글우글
초파리 세상

*공간적 배경: 아파트 베란다
*시간적 배경: 봄부터 가을 사이
*등장인물: 초파리
*소도구: 방충망, 사과껍질

●허무: 된장 항아리가 없어졌다.

쇠파리의 외침(허무)

쇠파리 알
실어 놓은
된장 항아리
된장을 퍼냈다.

빈 된장항아리 주위
쇠파리 윙윙

하루아침
날벼락이다.

*공간적 배경: 된장 항아리
*시간적 배경: 봄부터 가을 사이

*등장인물: 쉬파리
　　*음향: 쉬파리 소리

●공포: ① 거미줄에서 몸부림쳤으나 거미줄이 내 몸을 짓눌렀다. 왕거미가 다가오고 있다.

왕거미(공포)

왕거미 거미줄에
파리 한 마리
파닥파닥

거미줄
출렁출렁

왕거미
달려오고 있었다.

　　*공간적 배경: 미상
　　*시간적 배경: 거미줄에 파리가 걸릴 때
　　*등장인물: 왕거미, 파리
　　*소도구: 거미줄

●공포: ① 파리채를 들고 나를 향해 내리 치려고 한다.

파리채(공포)

축사 소 엉덩이
파리떼가 달라붙었다.

쇠꼬리 흔들 때마다
파리들 달아났다.

잠잠하면
다시 달라붙었다.

주인아저씨
파리채 들고 왔다.

쇠똥 붙은 엉덩이
파리채 탁탁탁
파리들이 톡톡톡
땅바닥에 나뒹굴었다.

　*공간적 배경: 소 축사
　*시간적 배경: 봄부터 여름 사이
　*등장인물: 파리떼, 소, 주인 아저씨
　*소도구: 파리채

● 공포: ① 잠자리가 나를 나꿔 채갔다.

잠자리(공포)

여름 한낮
우사 근처
파리들이 우글우글

잠자리가
날아왔다.

파리 꽁꽁
잠자리가 찾았다.

잠자리 저승사자
파리 목숨

*공간적 배경: 우사
*시간적 배경: 봄부터 여름 사이
*등장인물: 파리. 잠자리

● 절망: 에프 킬라를 마구 뿌려댔다. 힘없이 날던 파리들이 날아가 툭툭 떨어졌다.

에프 킬라(공포, 절망)

방안 몰래 들어온
파리들을 향해

에프 킬라
팍팍 뿌렸다.

파리 이리저리
날아다니다가
톡톡톡

　*공간적 배경: 방안
　*시간적 배경: 봄부터 여름사이
　*등장인물: 파리. 화자
　*음향: 에프 킬라 분사하는 소리, 파리 떨어지는 소리

●고독: 산에 사는 파리다. 좀처럼 등산객들이 음식을 펼쳐 들고 밥을 먹지 않는다. 등산객들을 기다려도 코로나 시대인지 오지 않는다.

　산에 사는 파리(고독)

등산객
배낭 속에
숨어서 산으로 왔다.

산을 오른 사람들
도시락 펼쳐들고
고수레 음식
먹고 살아왔다.

경자년부터 시작한
코로나 바이러스 때문에
산에 오르는 사람들
점점 줄어들었다.

아무리 기다려도
산에 오르는 사람들
좀처럼 만나볼 수 없었다.

　*공간적 배경: 산
　*시간적 배경: 봄부터 여름사이
　*등장인물: 파리. 등산객
　*음향: 고수레 소리
　*소도구: 도시락

●분노: 된장 항아리에 파리가 알을 까놓았다. 그런데 다시 가보니 된장이 없어졌다. 된장국을 끓이는데 넣어버렸다.

　파리 목숨(분노)

　장독대
　된장 항아리
　파리가 알 까놓았다.

　장독대는
　파리 산란터

된장 항아리
된장이 없어졌다.
저녁노을
굴뚝에서
꾸역꾸역 연기 솟아났다.

된장국 냄새
킁킁 코 벌름벌름.

파리들
윙윙윙

  *공간적 배경: 장독대 된장 항아리
  *시간적 배경: 봄부터 여름 사이
  *등장인물: 파리

● 파렴치: 음식상에 제멋대로 날아들어 주인처럼 음식을 맛본다. 쫓아내도 다시 달려들었다. 파렴치한 파리들이다.

파리(파렴치)

찬밥 더운 밥
가리지 않는다.

반기는 사람 없어도
냄새 잘 맡고
제멋대로 찾아와

천연덕스럽게 주인 행세
넉살이 좋다.

음식상에 달려들어
주인이 맛보기도 전에
제가 먼저 맛을 본다.
핥고 빨고 뱉고
무조건 제멋대로다.

쫓아내도 또 달려들어
빌고 또 빌고
체면도 없다, 염치도 없다.

남이야 어찌 되든
내일 죽을지라도
우선 먹고 보자는 똥 배짱
제 욕심만 채우면 그만이다.

   *공간적 배경: 방안 음식상
   *시간적 배경: 봄부터 여름 사이
   *등장인물: 파리

연습 문제·20

●위의 예시와 같이 파리와 관련된 정서체험들 중 슬픔, 기쁨, 허무, 공포, 절망, 고독, 분노, 그리움 등 가장 인상에 남는 정서 하나를 선택하여 이미지 데생을 해보시오. 그리고 이미지 데생을 바탕으로 형상화 구성하기를 실습을 위한 연극시를 완성해보세요.

이미지 데생

●

형상화(연극시) 구성하기

파리(   )

*공간적 배경:

*시간적 배경:

*등장인물:

*음향:

*조명:

*소도구:

만물장어 소재 이미지 데생과 형상화(연극시) 구성하기

이미지 데생

●슬픔: ① 하구 둑을 막아 강물의 흐름이 막혔다. 새끼를 낳아 강물을 거슬러 올라갈 수가 없다. ② 겨우 강물을 거슬러 올라왔는데, 거랭이로 새끼 뱀장어를 잡아갔다.

●기쁨: 장어들이 이슬람 국가 바다로 왔다. 사람들에게 잡혀갈 위험이 없어졌다. 안심하고 살 수 있다.

●허무: 영산강 둑, 수문이 열렸다. 열린 수문의 강물을 따라 뱀장어들이 강물을 따라 수문을 겨우 올랐다. 그러나 새끼들은 수문을 거슬러 오르지 못했다.

●공포: 양식장에서 장어 집으로 팔려갔다. 장어집 주인이 뜰채를 들고 다가왔다.

●절망: 뜰채에서 꺼내 커다란 도마 위에 올려놓고 내 머리를 날카로운 못에 찔렀다.

●고독: 강물을 거슬러 오르다가 지류를 만났다. 지류를 따라 가다가 저수지에서 혼자 살고 있다. 나와 닮은 어류를 만난 적이 없다.

●분노: 홍수가 나서 양식장 수문이 열려 우리들은 강으로 달아났다. 어렴풋이 어린 시절 기억이 떠올랐다. 희미한 기억이다. 거랭이에 잡혀 양식장에서 사육 당하다가 풀려났다. 그런데 또 낚시에 걸리고 말았다. 겨우 자유를 찾은 나를 또 먹이로 유인하여 잡아갔다.

형상화(연극시) 구성하기

● 슬픔: ① 하구 둑을 막아 강물의 흐름이 막혔다. 새끼를 낳아 강물을 거슬러 올라갈 수가 없다.

하구 둑(슬픔)

낙동강, 영산강, 금강
하구둑 막았다.

농업용수 얻기 위해
강물 막았다.

바다에서 강으로
산란하러 올라오는
물고기들
오갈 수 없게 되었다.

알밴
물고기들
고향 가는 길 막혔다.

하구 둑 앞에서
수문 열릴 때를 기다리며
파닥파닥

　*공간적 배경: 낙동강, 영산강, 금강 하구둑

*시간적 배경: 봄
*등장인물: 물고기들
*음향: 물고기들 파닥거리는 소리

●슬픔: ② 겨우 강물을 거슬러 올라왔는데, 거랭이로 새끼 뱀장어를 잡아갔다.

아기 민물장어(슬픔)

실낱같은 아기 뱀장어
해마다 봄이 되면
엄마 장어따라
바다에서 민물을 찾아간다.

하구 둑 막힌 강
오를 수 없어
수문밖에서 발 동동

막히지 않는
하천 길 겨우 찾아
민물에 오르면,

어레미 당그레 들고
기다리는 사람들
실뱀장어 금값 아기 뱀장어
양식장으로 모셔 갔다.

어미 뱀장어 될 때까지
사료 먹여 길러서
장어구이집으로 팔려갔다.

오직 사람들의 입맛을 돋우기 위해
배가 갈라져 숯불 위에서 지글지글
지옥 풍경 생생하게 보여준다.

   *공간적 배경: 낙동강, 영산강, 금강 하구둑 주변, 장어집
   *시간적 배경: 봄
   *등장인물: 아기 뱀장어
   *음향: 장어 굽는 소리

●기쁨: 장어들이 이슬람 국가 바다로 왔다. 사람들에게 잡혀갈 위험이 없어졌다. 안심하고 살 수 있다.

민물장어 알라신(기쁨)

마호메트를 따르는
이슬람교 믿는 나라에서는
장어를 잡지 않는다.

우리는
알라신을 믿는다.

오대양을 누비다가
알라신을 믿는 나라

바다에 들어서면
우리들은 알라신께
무릎을 꿇고 엎드린다.

　　*공간적 배경: 이스람교를 믿는 나라 강
　　*시간적 배경: 봄부터 여름 사이
　　*등장인물: 뱀장어

●허무: 영산강 둑의 수문을 열었다. 모두들 열린 수문의 강물을 따라 뱀장어들이 강물을 따라 수문을 겨우 올랐다. 그러나 새끼들은 수문을 거슬러 오르지 못했다.

새끼 민물장어(허무)

목포 앞바다
영산강 하구 둑까지
새끼들을 거느리고 왔다.

강이 막혔다
둑 아래서 빙빙 맴돌고 있는데
비가 내렸다.

수문이 열렸다.
와르르 쏟아지는 강물 소리
어린 시절의 사진첩이
파노라마로 펼쳐졌다.

폭포처럼 쏟아지는
수문 앞에서 기고 뛰다가
겨우 턱걸이했다.

어린 새끼들은
너무 물살이 거세어
미쳐 오르지 못했다.

새끼들을 둑 아래 남겨두고
혼자만 찾아온 고향

어슬렁거리는 영산호
놀빛이 물비늘로
일렁이고 있었다.

   *공간적 배경: 영산강 하구둑 주변, 영산호
   *시간적 배경: 봄
   *등장인물: 아기 뱀장어
   *음향: 하구둑 수문으로 물 흐르는 소리

●공포: 양식장에서 장어 집으로 팔려갔다. 장어집 주인이 뜰채를 들고 다가왔다.

민물장어 양식장(공포)

새끼 뱀장어
강물에서 잡혀

양식장에서 자랐다.

양식장 주인이 주는
먹이 먹고
커다란 뱀장어로 자랐다.

활어 운반차에 실려
장어구이집으로 실려 갔다.

　　*공간적 배경: 강, 양식장, 활어운반차, 장어 집
　　*시간적 배경: 봄
　　*등장인물: 아기 뱀장어, 뱀장어, 양식장 주인

●절망: 뜰채에서 꺼내 커다란 도마 위에 올려놓고 내 머리를 날카로운 못에 찔렀다. 밤마다 지글지글 장어 굽는 냄새가 나고 와글와글 사람들이 몰려들었다.

못 박힌 도마(절망)

장어집 수족관에서
눈치를 살폈다.

주인이 뜰채로 건져내
바구니에 담아
부엌으로 갔다.

도마 위에

못이 날을 세우고 있었다.

머리를 못 위에
꽂았다.

몸을 좌우로 흔들흔들
아랍글자로
알라신께 SOS를 보냈다.

*공간적 배경: 장어집 수족관
*시간적 배경: 연중
*등장인물: 뱀장어, 장어집 주인
*음향: 수족관에서 장어를 뜰채로 뜨는 소리
*소도구: 뜰채, 도마

●고독: 강물을 거슬러 오르다가 지류를 만났다. 지류를 따라 가다가 저수지에서 혼자 살고 있다. 나와 닮은 어류를 만난 적이 없다.

저수지 민물장어(고독)

바다에서
강물을 거슬러
지류 따라 저수지 물길을 찾았다.

비 오는 날
저수지 물넘이

박차고 뛰어올랐다.
저수지에 갇혔다.

저수지
유배지
민물장어

*공간적 배경: 저수지
*시간적 배경: 봄
*등장인물: 아기 뱀장어

●분노: 홍수가 나서 양식장 수문이 열려 우리들은 강으로 달아났다. 어렴풋이 어린 시절 기억이 떠올랐다. 희미한 기억이다. 거랭이에 잡혀 양식장에서 사육 당하다가 풀려났다. 그런데 또 낚시에 걸리고 말았다. 겨우 자유를 찾은 나를 또 먹이로 유인하여 잡아갔다.

민물장어 자서전

장맛비가 연일 쏟아졌다.
양식장에 홍수로 잠겼다.

양식장을 뛰어나와
강으로 갔다.

어릴 때
희미한 기억 더듬었다.

거랭이, 모기장 그물
소름 돋았다.

양식장에서 던져주는 먹이 먹고
갇혀 살았던 때가 떠올랐다.

주는 먹이만 먹다가
혼자 먹이 찾아먹는 것이
이렇게 어려울 줄 미처 몰랐다.

강물 속
먹음직스런 먹이 냅께 채다가
낚시 바늘에 걸려들고 말았다.
또 걸렸다.

   *공간적 배경: 강, 양식장
   *시간적 배경: 여름 장마철
   *등장인물: 뱀장어, 낚시꾼
   *음향: 낚시방울소리
   *소도구: 낚시

연습 문제·21

●위의 예시와 같이 민물장어와 관련된 정서체험들 중 슬픔, 기쁨, 허무, 공포, 절망, 고독, 분노, 그리움 등 가장 인상에 남는 정서 하나를 선택하여 이미지 데생을 해보시오. 그리고 이미지 데생을 바탕으로 형상화 구성하기를 실습을 위한 연극시를 완성해보세요.

이미지 데생

●

형상화(연극시) 구성하기

민물장어(   )

*공간적 배경:

*시간적 배경:

*등장인물:

*음향:

*조명:

*소도구:

멧돼지 소재 이미지 데생과 형상화(연극시) 구성하기

이미지 데생

● 슬픔: 밤중에 먹을 것을 구하려고 마을로 내려가는 도중 도로를 건너다가 로드 킬을 당해 새끼 한 마리를 잃었다.

● 기쁨: 5월 멧돼지가 새끼를 낳았다. 모두 11마리 새끼를 낳았다.

● 허무: 한 겨울 멧돼지 가족들이 산마을로 내려왔다. 눈 덮인 빈 채소밭을 서성거리며 주둥이로 땅을 들추었다.

● 공포: 농작물을 해쳤다고 사냥꾼들이 사냥개를 데리고 우리 가족들을 잡으려왔다. 사냥개들이 컹컹 짓는 소리가 들려왔다.

● 절망: 사냥개 다섯 마리가 우르르 달려와 마구 달려들어 내 몸을 물어뜯었다. 그때 사냥꾼이 달려왔다. 총을 겨누었다. 탕탕 나는 의식을 잃고 쓰려졌다.

● 고독: 가족들은 모두 사냥꾼들에게 총살당했다. 혼자 남은 멧돼지 한 마리 고향 산마루를 떠나지 못하고 우두커니 노을 바라보고 있었다.

● 분노: ① 가을이면 산을 찾아와 우리들이 먹고 사는 칡뿌리, 상수리, 도토리 열매, 밤 열매를 모두 가져갔다. 왜 우리들의 먹이를 몽땅 가져가느냐? 사람들은 우리들을 사람들에게 해를 끼친 적이 없는데도 우리들의 먹이도 빼앗아가고 우리들이 먹을 것을 찾아 마을로 내려가면 우리들을 죽이려고 119에 신고하여 총을 쏘아 우리 종족을 죽였다. ② 우리들이 사는 산마을에서 사육하는 돼지 열병이 번졌다. 당국에서는 사육하는 돼지들을 산채로 묻었다. 그리고 산속에 사는 우리들이 돼지 열병을 옮겼다고 책임을 우리에게 돌리고 우리들을 죽이려고 사냥꾼들을 모두 동원했다.

●슬픔: 밤중에 먹을 것을 구하려고 마을로 내려가는 도중 도로를 건너다가 로드 킬을 당해 새끼 한 마리를 잃었다.

로드 킬(슬픔)

자동차 길
멧돼지 한 마리
밤길 건너다가 자동차에 치였다

119 구급차도
출동하지 않았다

모두들 뺑소니
지나가는 차들에게
또 치여서
갈기갈기

저희들끼리
제멋대로
만들어 놓은 도로

씽씽씽
저승사자가 달려간다

길이 막혔다
모두 갇혔다

의문사
저승길
짐승들의 왕국

*공간적 배경: 자동차 도로
*시간적 배경: 밤
*등장인물: 멧돼지
*소도구: 자동차

●기쁨: 5월 멧돼지가 새끼를 낳았다. 모두 11마리 새끼를 낳았다.

멧돼지(기쁨)

오월
산비탈 굴참나무 숲
엄마 멧돼지

옆으로 누워
헐떡헐떡
가쁜 숨 쉬었다.

흰자위 드러난
눈동자 깜박거리더니
힘겹게 일어나
엉거주춤

아랫배에 열 한번
힘을 주었다.
나뭇잎 위에서
눈감은 아기 멧돼지
바스락바스락

  *공간적 배경: 산비탈 굴참나무 숲
  *시간적 배경: 오월
  *등장인물: 엄마 멧돼지, 새끼 멧돼지 11마리

●허무: 한 겨울 멧돼지 가족들이 산마을로 내려왔다. 눈 덮인 빈 채소밭을 서성거리며 주둥이로 땅을 들추었다.

멧돼지(허무)

한겨울 밤
산마을

눈 덮인
빈 채소밭
멧돼지 가족들
어슬렁어슬렁

주둥이로
채소밭 이랑이랑
파헤쳤다.

꿀꿀꿀

눈 위에 흙가루
흩어졌다.
발자국 어질러졌다.

   *공간적 배경: 산마을 눈덮인 빈 채소밭
   *시간적 배경: 한 겨울 눈이
   *등장인물: 멧돼지 가족
   *음향: 꿀꿀꿀

●공포: 농작물을 해쳤다고 사냥꾼들이 사냥개를 데리고 우리 가족들을 잡으려왔다. 사냥개들이 컹컹 짓는 소리가 들려왔다.

멧돼지(공포)

"거기 119죠?
우리 삼퇴기마을
농사 다 망쳐놓은
멧돼지 좀 잡아주시오."

119 경광들
반짝반짝
삐뽀삐뽀
산 메아리

삼퇴기 마을 뒷산

빨간 조끼
총 멘 포수들
산으로 우르르 몰려갔다.

컹컹컹
사냥개들도
함께 뒤따랐다.

칡넝쿨 안에 숨은
멧돼지
코 벌름벌름
귀 쫑긋쫑긋

　*공간적 배경: 산마을 삼퇴기마을
　*시간적 배경: 가을
　*등장인물: 119대원들, 멧돼지 가족
　*소도구: 소방차 경광등
　*음향: 소방차 소리, 경광등 소리
　*조명: 경광들 반짝반짝

●절망: 사냥개 다섯 마리가 우르르 달려와 마구 달려들어 내 몸을 물어뜯었다. 그때 사냥꾼이 달려왔다. 총을 겨누었다. 탕탕 나는 의식을 잃고 쓰러졌다.

멧돼지(절망)

산마을

늦가을
억새꽃 흔들흔들

사냥개 소리
점점 가까워졌다.
우르르
사냥개들 몰려왔다.

마구 달려들어
멧돼지를 물어뜯었다.

온몸 피투성이
사냥개들 컹컹컹
멧돼지 꽥꽥꽥

탕탕탕
온산이 찌렁찌렁
멧돼지 쓰러졌다.

　　*공간적 배경: 산마을
　　*시간적 배경: 가을
　　*등장인물: 사냥개, 억새꽃
　　*음향: 사냥개 짖는 소리, 꽥꽥

●고독: 가족들을 모두 사냥꾼들에게 총살당했다. 혼자 남은 멧돼지 한 마리 고향 산마루를 떠나지 못하고 우두커니 노을 바라보고 있었다.

멧돼지(고독)

사냥개들 우르르
멧돼지를 뒤쫓았다.

컹컹컹
꽥꽥꽥

탕탕탕
산마을 총성

피투성이
멧돼지 가족
혼자 남은
멧돼지 한 마리

노을 내린 산마루
우두커니 앉아서
산마을을 내려다보고 있었다.

젖은 눈망울
어른거리는
산마을

　*공간적 배경: 산마을 산마루
　*시간적 배경: 가을 저녁노을
　*등장인물: 사냥개, 멧돼지

*음향: 총소리, 개짖는 소리 멧돼지 비명

●분노: ① 가을이면 산을 찾아와 우리들이 먹고 사는 칡뿌리, 도토리 열매, 밤 열매를 모두 가져갔다. 왜 우리들의 먹이를 몽땅 가져가느냐? 사람들은 우리들을 사람들에게 해를 끼친 적이 없는데도 우리들의 먹이도 빼앗아가고 우리들이 먹을 것을 찾아 마을로 내려가면 우리들을 죽이려고 119에 신고하여 총을 쏘아 우리 종족을 죽였다.

멧돼지(분노)

가을 산
사람들이 찾아왔다.

칡뿌리 캐갔다.
도토리 주워갔다.
산열매 약초 뿌리 모두 캐갔다.

멧돼지 먹이
모두 가져갔다.

배고픈 멧돼지
산마을로 내려왔다.

도시 길거리
길 잃은 멧돼지
우왕좌왕

이집 저집 왔다갔다

경찰차 사이렌 소리
경광등 반짝반짝
날뛰는 멧돼지
탕탕탕

억울한 멧돼지들
제사상에 올라가
죽어서도 입 벌리고
헤벌쭉 웃는다.

*공간적 배경: 산, 산마을
*시간적 배경: 가을
*등장인물: 사냥개,
*소도구: 사냥총
*음향: 멧돼지 씩씩거리는 소리, 총소리

연습 문제 · 22

● 위의 예시와 같이 멧돼지와 관련된 정서체험들 중 슬픔, 기쁨, 허무, 공포, 절망, 고독, 분노, 그리움 등 가장 인상에 남는 정서 하나를 선택하여 이미지 데생을 해보시오. 그리고 이미지 데생을 바탕으로 형상화 구성하기를 실습을 위한 연극시를 완성해보세요.

이미지 데생

●

형상화(연극시) 구성하기

멧돼지(   )

*공간적 배경:
*시간적 배경:
*등장인물:
*음향:
*조명:
*소도구:

황소 소재 이미지 데생과 형상화(연극시) 구성하기

이미지 데생

●슬픔: ① 송아지를 낳았다. 날마다 젖이 부르기도 전에 송아지가 내 젖을 빨았다. 집 주인은 젖 뗄 때가 되자 송아지를 팔았다. 송아지를 실고 가는 차가 왔다. 송아지가 음매음매 나를 찾았다. ② 청도 소싸움으로 청도를 상징하는 이미지로 전국에 알려지자 우리들을 잡아 고기로 파는 청도 황소고기집들이 많이 생겨났다.

●기쁨: ① 청도는 황소싸움 대회 축제가 해마다 벌어진다. 많은 사람들이 황소 싸움을 구경하려고 청도를 찾는다. 청도를 상징하는 이미지는 황소다. 황소 이미지로 황소고집, 감, 말랭이 등 여러 가지 청도의 농산물 상표 황소 이미지를 사용하여 판매하고 있다. 나는 황소싸움대회에서 챔피온이 되었다. 내 사진이 청도 상징의 이미지로 이용되고 있다. ② 주인이 축사 바닥 청소를 해주었다. 그동안 내가 싼 똥 때문에 냄새나고 똥을 밟고 살았는데 주인이 트랙터로 똥을 치웠다. 너무 기뻐 껑충껑충 뛰었다.

●허무: 챔피온이 되고 나서 나는 유명해졌으나 다음 해 출전하여 패했다. 나를 칭송하던 사람들이 나를 외면했다.

●공포: 나는 비육소로 일하지 않고 빈둥빈둥 먹기만 했다. 살이 쪄서 몸무게가 늘어나자 주인은 나를 우시장에 팔았다. 가축도축장업자가 우시장에 와서 나를 사갔다. 그 사람은 나를 실고 도축장으로 갔다. 비릿한 피 냄새가 났다.

●절망: 다음날 나는 도축장 대기실에서 내 등에 번호가 매겨졌다. 도축장으로 밀어 넣는 유도 길을 따라 도축업자가 나를 밀어 넣고 쇠문이 닫혔다.

●고독: 워낭소리 할아버지가 돌아가시자 나는 소목장으로 팔려

갔다. 혼자 할아버지 사랑을 독차지하다가 여러 소와 같이 생활하다 보니 언제나 나만 왕따 당했다.

●분노: ① 나는 가난한 강원도 산골 농부 집에서 쟁기질로 하루 종일 밭갈이하고 살았다. 송아지도 낳아 가난한 살림을 보탰다. 그런데 내가 늙어 일을 잘 못한다고 우시장에 팔아넘겼다. ② 대관령 목장에서 친구들과 살다가 횡성 도축장으로 팔려갔다. 횡성 한우라고 나를 속여 죽이려고 들었다. 나는 도축장의 허술한 관리를 틈타 마구 뛰었다. 그 바람에 사람을 죽였다. 나를 살인 황소라고 경찰차가 출동했다.

형상화(연극시) 구성하기

●슬픔: ① 송아지를 낳았다. 날마다 젖이 부르기도 전에 송아지가 내 젖을 빨았다. 집 주인은 젖 뗄 때가 되자 송아지를 팔았다. 송아지를 실고 가는 차가 왔다. 송아지가 음매음매 나를 찾았다.

암소와 송아지(슬픔)

농촌 우사에서
사료만 먹고 빈둥빈둥

일하지 않고
놀고먹고 빈둥빈둥

황소도 만나지 못하고
수의사 인공수정으로

송아지를 낳았다.

제 아비가 누구인지도
모르는 송아지
졸졸졸 따라다니며
어미젖만 찾았다.

송아지가 무럭무럭
사료를 먹기 시작하자
송아지 실은 차에 실려
송아지가 팔려갔다.

음매음매
눈물 뚝뚝
발버둥거리는 송아지

움머움머
엄마소도
하루 종일 울었다.

   *공간적 배경: 농촌 우사
   *시간적 배경:
   *등장인물: 어미소, 송아지, 수의사
   *소도구: 소차

●슬픔: ① 청도 소싸움으로 청도를 상징하는 이미지로 전국에 알려지자 우리들을 잡아 고기로 파는 청도 황소고기집들이 많이

생겨났다.

청도 소싸움(슬픔)

청도는
해마다 소싸움 축제 열렸다.

청도 이미지
소와 감

청도에는
소고기 음식점들이 점점 늘어났다.

황소들 싸움 때문에
청도에 사는
소들이 일찍 죽어갔다.

  *공간적 배경: 청도 소싸움장, 소고기 음식점
  *시간적 배경: 청도 소싸움 축제날
  *등장인물: 황소, 소
  *소도구: 감

●기쁨: ① 청도는 황소싸움 대회 축제가 해마다 벌어진다. 많은 사람들이 황소 싸움을 구경하려고 청도를 찾는다. 청도를 상징하는 이미지는 황소다. 황소 이미지로 황소고집 감 말랭이 등 여러 가지 청도의 농산물 상표 황소 이미지를 사용하여 판매하고 있다. 나는 황소싸움대회에서 챔피온이 되었다. 내 사진이 청도 상징의 이

미지로 이용되고 있다.

청도 황소싸움대회 축제(기쁨)

청도에서는
황소싸움대회 축제가
해마다 사월에 열린다.

대한민국
투우장 청도

청도 이미지는
청도 황소
청도 곶감, 감말랭이

청도에서
태어난 것만으로도
어깨 으쓱으쓱

　*공간적 배경: 청도, 투우장
　*시간적 배경: 사월
　*등장인물: 황소, 곶감, 감말랭이

●기쁨: ① 주인이 축사 바닥 청소를 해주었다. 그동안 내가 싼 똥 때문에 냄새나고 똥을 밟고 살았는데 주인이 트랙터로 똥을 치웠다. 너무 기뻐 껑충껑충 뛰었다.

축사 청소(기쁨)

축사 바닥
쇠똥이 질퍽질퍽

밟을 때마다
쇠똥 냄새 물큰

오늘은 청소하는 날
축사 쇠문을 열고
트랙터 몰고 왔다.

축사 바닥
쇠똥을 치우고
마른 짚풀 더미 깔아놓았다.

껑충껑충
오랜만에 발바닥이 개운했다.

*공간적 배경: 축사
*시간적 배경:
*등장인물: 소
*소도구: 트랙터

●허무: 챔피온이 되고나서 나는 유명해졌으나 다음 해 출전하여 패했다. 나를 칭송하던 사람들이 나를 외면했다.

황소싸움 챔피온(허무)

청도 황소싸움 축제
챔피온 되었다.

우리 주인
맛있는 음식
듬뿍듬뿍

청도 광고판에
황소 챔피온 사진
꼭 들어갔다.

날마다
어깨 으쓱으쓱

다음해 황소싸움대회
무참히 깨졌다.

나보다 힘센
황소가 챔피온 되었다.

하루아침에
대접이 달라졌다.
사료만 잔뜩 먹었다.
마침내 도축장으로 팔려갔다.

*공간적 배경: 청도 황소싸움 축제
*시간적 배경: 사월
*등장인물: 황소싸움 챔피온

●공포: 나는 비육소로 일하지 않고 빈둥빈둥 먹기만 했다. 살이 쪄서 몸무게가 늘어나자 주인은 나를 우시장에 팔았다. 가축도축장업자가 우시장에 와서 나를 사갔다. 그 사람은 나를 실고 도축장으로 갔다. 비릿한 피 냄새가 났다.

비육소(공포)

축사에 갇혀서 살아간다.
날마다 빈둥빈둥 놀고먹고
금수저 손님 대접

코로나 바이러스
없을 때도
뛸 곳이 없다.
축사는 사육장
운동 부족
살만 디룩디룩

살이 부풀어 오를수록
주인은 싱글벙글
비육소 등 두드려주며
참 잘했다.

주인이 우시장
도축업자에게 팔아넘겼다.
도축장
비릿한 피 냄새
그동안 놀고 잘 먹인 까닭을
이제야 깨달았다.

*공간적 배경: 축사 사육장, 우시장, 도축장
*시간적 배경:
*등장인물: 비육소

● 절망: 다음날 나는 도축장 대기실에서 내 등에 번호가 매겨졌다. 도축장으로 밀어 넣는 유도 길을 따라 도축업자가 나를 밀어 넣고 쇠문이 닫혔다.

도축장(절망)

겨울
영산포
축산물 도축장 대기실

등짝에
검은 색 스프레이
대기 번호 1번
도축업자
유도길
통로로 궁둥이를 떠밀었다.

망치든
백정이 눈을 부릅뜨고
기다리고 있었다.

 *공간적 배경: 도축장
 *시간적 배경: 겨울
 *등장인물: 도축업자. 백정, 황소

●고독: 워낭소리 할아버지가 돌아가시자 나는 소목장으로 팔려갔다. 혼자 할아버지 사랑을 독차지하다가 여러 소와 같이 생활하다 보니 언제나 나만 왕따 당했다.

워낭소리(고독)

워낭소리
딸랑거리며
시골 할아버지와 함께 살았다.

할아버지 돌아가시자
소사육 목장으로 팔려갔다.

워낭도 떼어냈다
모두 워낭이 없다
무리지어 목초지를 뛰어다녔다.

저녁 무렵
외양간에 돌아와 되새김질하며

할아버지와 같이 살던 때를 생각한다.

딸랑딸랑 워낭소리
귓전에 들여온다.

*공간적 배경: 시골, 목초지, 소사육 목장
*시간적 배경: 농사철
*등장인물: 할아버지 농부
*음향: 워낭소리

●분노: ① 나는 가난한 강원도 산골 농부 집에서 쟁기질로 하루 종일 밭갈이하고 살았다. 송아지도 낳아 가난한 살림을 보탰다. 그런데 내가 늙어 일을 잘 못한다고 우시장에 팔아넘겼다.

팔려가는 소(분노)

강원도 산골
농부 집 외양간에서
밭갈이 하며 살아왔다.

농사철 날마다
멍에 씌워 쟁기질하고
옥수수 감자 쇠죽 먹고
십여 년을 살아왔다.

송아지를 낳아
농부 집 살림살이 보탬도 주었다.

늙어서
쟁기질도 잘 못한다며
팔아넘겼다.

*공간적 배경: 강원도 산골
*시간적 배경: 농사철
*등장인물: 농부, 송아지,
*소도구: 옥수수 감자 쇠죽

●분노: ② 대관령 목장에서 친구들과 살다가 횡성 도축장으로 팔려갔다. 횡성한우라고 나를 속여 죽이려고 들었다. 나는 도축장의 허술한 관리를 틈타 마구 뛰었다. 그 바람에 사람을 죽였다. 나를 살인 황소라고 경찰차가 출동했다.

살인 소(분노)

대관령 목장에서
풀 뜯어먹고
관광객들이 먹여 주는
마른 풀 먹고 살아왔다.

소 운반차가 오더니
우리들을 실고
횡성으로 갔다.
횡성에 접어들자
길거리
황성 한우 광고판이

눈에 들어왔다.

대관령 황소가
황성 한우로 변신해
도축장 대기소로 끌려왔다.

화가 나서
도축장을 뛰쳐나왔다.
말리는 소 주인 박차고
마구 내달렸다.

살인 소
낙인 찍혔다.

경찰차 출동
다시 도축장으로 끌려갔다.

 *공간적 배경: 대관령 목장, 횡성 도축장
 *시간적 배경:
 *등장인물: 관광객, 소떼, 경찰차
 *소도구: 마른 풀

연습 문제·23

●위의 예시와 같이 소와 관련된 정서체험들 중 슬픔, 기쁨, 허무, 공포, 절망, 고독, 분노, 그리움 등 가장 인상에 남는 정서 하나를 선택하여 이미지 데생을 해보시오. 그리고 이미지 데생을 바탕으로 형상화 구성하기를 실습을 위한 연극시를 완성해보세요.

이미지 데생

●

형상화(연극시) 구성하기

황소(   )

*공간적 배경:

*시간적 배경:

*등장인물:

*음향:

*조명:

*소도구:

뻐꾸기 소재 이미지 데생과 형상화(연극시) 구성하기

이미지 데생

● 슬픔: 알을 품고 있는 붉은눈오목눈이(뱁새)가 둥지를 비우는 순간을 노려 몰래 숨어들어 알을 낳다가 그만 들켜버렸다. 뱁새가 뻐꾸기 알을 깨뜨려버렸다.

● 기쁨: 알을 품고 있는 붉은눈오목눈이(뱁새) 둥지를 비우는 순간을 노려 몰래 숨어들어 들키지 않고 알을 낳았다.

● 허무: 뻐꾸기 새끼를 제 새끼인 줄 알고 키우던 붉은눈오목눈이(뱁새) 어미가 먹이를 구하러 가는 사이 구렁이가 뻐꾸기 새끼를 잡아 먹어버렸다.

● 공포: 뻐꾸기 새끼를 제 새끼인 줄 알고 키우던 붉은눈오목눈이(뱁새) 어미가 먹이를 구하러 가는 사이 구렁이가 뻐꾸기 새끼를 잡아먹으려고 나뭇가지 위로 올라가 혀를 날름거리며 점점 둥지로 다가오고 있었다.

● 절망: 붉은눈오목눈이(뱁새) 둥지에 뻐꾸기 새끼가 붉은눈오목눈이(뱁새) 새끼를 모두 둥지에서 떨어뜨려 죽였다.

● 고독: 알을 낳아 새끼를 길러보지 못해 뻐꾸기 새끼가 자기를 못 알아보아 부모와 자식 간의 관계가 남남이다.

● 분노: 붉은눈오목눈이(뱁새)는 자기 새끼를 모두 죽인 새끼가 뻐꾸기 새끼인 줄 모르고 먹이를 물어다 주었다. 그런데 새끼가 뻐꾹뻐꾹 이상한 울음소리를 듣고 속았다는 것을 알았다. 가을이 되자 자신이 키웠던 뻐꾸기가 철새라는 사실을 알고 분통을 터뜨렸다.

형상화(연극시) 구성하기

●슬픔: 알을 품고 있는 붉은눈오목눈이(뱁새)가 둥지를 비우는 순간을 노려 몰래 숨어들어 알을 낳다가 그만 들켜버렸다. 뱁새가 뻐꾸기 알을 깨뜨려버렸다.

들켰다(슬픔)

오월
덤불 속 수다쟁이
붉은눈오목눈이
둥지 짓고 알을 품었다.

뻐꾸기는
붉은눈오목눈이 둥지
힐끔힐끔 곁눈질하며
뻐꾹뻐꾹

잠시 배고파
둥지를 비운 사이
뻐꾸기 재빨리
붉은눈오목눈이 둥지에 앉아 알을 낳았다.

제 둥지 차지하고
앉아있는 뻐꾸기
붉은눈오목눈이가 보았다.

괘씸한 뻐꾸기
남의 집 몰래 들어와
무슨 일을 벌여놓았을까?

둥지
큰 알이 하나 더
뻐꾸기 알

붉은눈오목눈이
부리로
뻐꾸기 알 탁탁
깨뜨려버렸다.

밤새도록
뻐꾹뻐꾹
흐느끼는 소리
여느 날과 달랐다.

　*공간적 배경: 덤불 속
　*시간적 배경: 오월
　*등장인물: 붉은눈오목눈이, 뻐꾸기
　*소도구: 둥지, 알
　*음향: 뻐꾸기 울음소리, 알 깨뜨리는 소리

●기쁨: 알을 품고 있는 붉은눈오목눈이(뱁새) 둥지를 비우는 순간을 지켜보고 있던 뻐꾸기가 몰래 숨어들어 들키지 않고 알을 낳았다.

탁란(기쁨)

오월
산마을 덤불 속
붉은눈오목눈이네 둥우리

알을 품은
붉은눈오목눈이
잠시 자리를 비운 사이

뻐꾸기 재빨리
남의 새 둥지
앉아 알을 낳았다.

시침이 뚝 떼고
뻐꾹뻐꾹

아무것도 모른 체
다시 알을 품은
붉은눈오목눈이

*공간적 배경: 산마을 덤불 속 붉은눈오목눈이 둥지
*시간적 배경: 오월
*등장인물: 붉은눈오목눈이
*소도구: 새 둥지, 알

● 허무: 뻐꾸기 새끼를 제 새끼인 줄 알고 키우던 붉은눈오목눈

이(뱁새) 어미가 먹이를 구하려가는 사이 구렁이가 뻐꾸기 새끼를 잡아 먹어버렸다.

구렁이와 뻐꾸기 새끼(허무)

봄
산마을

아기 뻐꾸기
붉은눈오목눈이
제 새끼

먹이 구하려
잠시 둥지 비운 사이

구렁이
능글능글
나무 위로 올라왔다.

아기 뻐꾸기
날름날름
와락 꿀꺽

　*공간적 배경: 덤불 속
　*시간적 배경: 봄
　*등장인물: 붉은눈오목눈이(뱁새), 구렁이
　*소도구: 나무

*음향: 아기 뻐꾸기 삼키는 소리

●공포: 뻐꾸기 새끼를 제 새끼인줄 알고 키우던 붉은눈오목눈이(뱁새) 어미가 먹이를 구하러 가는 사이 구렁이가 뻐꾸기 새끼를 잡아먹으려고 나뭇가지 위로 올라가 혀를 날름거리며 점점 둥지로 다가오고 있었다.

구렁이 나타나다(공포)

봄
산마을
초가집 사철나무 울타리
붉은눈오목눈이네 집

뻐꾸기 새끼
제 새끼로 아는
붉은눈오목눈이

둥지 위로
꾸물꾸물
올라오는 황구렁이
혀 날름날름

붉은눈오목눈이
이리저리 왔다갔다
휘파람 불며
달려들었다.

*공간적 배경: 산마을 초가집 사철나무 울타리
　　　*시간적 배경: 봄
　　　*등장인물: 붉은눈오목눈이, 뻐꾸기 새끼, 구렁이
　　　*음향: 붉은눈오목눈이 휘파람소리

●절망: 붉은눈오목눈이 둥지에 뻐꾸기 새끼가 붉은눈오목눈이 (뱁새) 새끼를 모두 둥지에서 떨어뜨려 죽였다.

아기 뻐꾸기 몹쓸짓 (절망)

붉은눈오목눈이
둥지
아기 새 다섯 마리

가장 먼저
뻐꾸기 새끼가 깨어났다.

하나, 둘, 셋……다섯
모두 깨어났다.

어미 붉은눈오목눈이
바빠졌다
하루종이
둥지 들락날락

주둥이 벌리고
꽥꽥꽥

시정시 이렇게 쓰면 쉽게 쓸 수 있다 307

뻐꾸기 새끼
붉은눈오목눈이 새끼
몸으로 둥지 밖으로
하나씩 밀어냈다.

네 마리
세 마리
두 마리
모두 둥지 밖으로 떨어뜨리고
혼자 남았다.

　*공간적 배경: 산마을
　*시간적 배경: 봄
　*등장인물: 붉은눈오목눈이, 아기 뻐꾸기
　*음향: 떨어지는 소리, 새끼 새 소리

●고독: 알을 낳아 새끼를 길러보지 못해 뻐꾸기 새끼가 자기를 못 알아보아 부모와 자식 간의 관계가 남남이다.

아기 뻐꾸기 어미도 못 알아본다(고독)

뻐꾸기는
붉은눈오목눈이 둥지에 알을 낳았다.
붉은눈오목눈이가 뻐꾸기 알을 품었다.
새끼를 길렀다.

뻐꾸기 제 새끼

자라는 것만 지켜보며
뻐꾹뻐꾹

아기 뻐꾸기
가까이 다가가
뻐꾹뻐꾹

본체만체
거들떠보지도 않는 아기 뻐꾸기

뻐꾸기 기막혀
뻐꾹뻐꾹

*공간적 배경: 붉은눈오목눈이네 집
*시간적 배경: 봄
*등장인물: 붉은눈오목눈이, 뻐꾸기, 아기 뻐꾸기
*음향: 뻐꾸기 울음소리

●분노: 붉은눈오목눈이(뱁새)는 자기 새끼를 모두 죽인 새끼가 뻐꾸기 새끼인 줄 모르고 먹이를 물어다 주었다. 그런데 새끼가 뻐꾹뻐꾹 이상한 울음소리를 듣고 속았다는 것을 알았다. 가을이 되자 자신이 키웠던 뻐꾸기가 철새라는 사실을 알고 분통을 터뜨렸다.

붉은눈오목눈이 화났다(분노)

붉은눈오목눈이

아기 뻐꾸기
제 새끼로 알았다.

저보다 몇 배 큰
아기 뻐꾸기
제 새끼로 알고
먹이 물어다 키웠다.

아기 뻐꾸기
뻐꾹뻐꾹
이상하다
"내 새끼가 변성기인 모양이구나"
고개 갸우뚱
도리도리

가을날
갑자기 말도 없이 집을 나갔다.

배배배배
가시덤불 왔다갔다
제 새끼도 모르는 멍청이라고
제 부리로 가시 줄기 찍으며 울었다.

  *공간적 배경: 산골 가시덤불
  *시간적 배경: 봄
  *등장인물: 아기 뻐꾸기, 붉은눈오목눈이
  *음향: 뻐꾸기 울음소리, 붉은눈오목눈이

연습 문제·24

● 위의 예시와 같이 뻐꾸기와 관련된 정서체험들 중 슬픔, 기쁨, 허무, 공포, 절망, 고독, 분노, 그리움 등 가장 인상에 남는 정서 하나를 선택하여 이미지 데생을 해보시오. 그리고 이미지 데생을 바탕으로 형상화 구성하기를 실습을 위한 연극시를 완성해보세요.

이미지 데생

●

형상화(연극시) 구성하기

뻐꾸기(   )

*공간적 배경:

*시간적 배경:

*등장인물:

*음향:

*조명:

*소도구:

하이에나 소재 이미지 데생과 형상화(연극시) 구성하기

이미지 데생

● 슬픔: 썩은 고기를 먹는다고 청소부라고 놀리지만 악조건에서 살아남기 위해서다. 우리도 썩은 고기보다 싱싱한 고기를 더 좋아한다.
● 기쁨: 우리들이 초원의 동물들 사체들을 모두 먹어치워 청소해놓기 때문에 초원이 깨끗하다.
● 허무: 사바나 땅굴에서 사는 하이에나는 동물들이 먹고 남긴 썩은 고기를 먹는다.
● 공포: 점박이 하이에나 동굴 앞에 사자가 기다리고 있다.
● 절망: 배고픈 수사자가 사생결단 쫓아와 목을 물었다.
● 고독: 암컷의 눈에 들지 않는 수컷 하이에나가 물끄러미 초원을 바라보고 있다.
● 분노: 사자에게 하이에나 무리들이 잡혀 먹혔다. 화가 난 하이에나 무리들이 사자의 만행을 그만 두고 볼 수 없다고 큰 무리를 지어 사자에게 달려들었다.

형상화(연극시) 구성하기

● 슬픔: 우리들이 초원의 동물들 사체들을 모두 먹어치워 청소해놓기 때문에 초원이 깨끗하다.

초원의 청소부(슬픔)

초원에서 죽은 동물

썩은 사체라도
장례 치뤘다.

뼈까지 오독오독 씹어서
흔적없이
초원으로 되돌려 주었다.

우리는 장례사
초원의 청소부

썩은 사체까지
뱃속 장례식장에 보내
장례 치뤘다.

우리는
살아있는 동물의 무덤
우리 앞에
묘비는 없다.

　　*공간적 배경: 초원
　　*시간적 배경: 동물이 죽을 때
　　*등장인물: 사체, 하이에나
　　*음향: 뼈 씹는 소리

●기쁨: 하이에나는 다른 동물의 죽은 사체를 먹음으로써 초원의 생명을 이어준다.

초원의 순환 (기쁨)

아프리카 초원
동물이 죽으면
하이에나가 바톤을 이어받는다.

초원은
약한 동물은 강한 동물에게 먹힌다.
약한 동물 강한 동물
모두 죽으면 하이에나에게 먹힌다.

서로 먹고
먹히면서 살아간다.

초원의 동물들이 죽으면
하이에나는 다시 생명을 이어간다.

　*공간적 배경: 아프리카 초원
　*시간적 배경: 동물이 죽을 때
　*등장인물: 사체, 하이에나

●허무: 사바나 땅굴에서 사는 하이에나는 동물들이 먹고 남긴 썩은 고기를 먹는다.

하이에나(허무)

사바나 땅굴 속에 사는 우리들은

모래 바람 불어올 때
모래 바람이 불어오는 쪽을 향해
코 쳐들고 벌름거리다가
사자가 뜯어 먹다버린
고깃덩어리 냄새를 맡으면 재빨리 달려간다.
누우 떼 무리들을 따라 가지 못하고 쓰러진 누우들
부패한 냄새를 맡으면 쏜살같이 달려간다.

우리들은 목숨이 끊어진 현장 찾아가는
사바나의 레카다.
사바나의 청소부다.
사바나의 엠블란스다
사바나의 장의사다.
사바나의 경찰이다.

부패한 세상
푸짐한 뷔페
우리들의 목숨 줄이다.

먹고 먹히는
살벌한 세상에서
하이에나, 높은 곳에 있는 나다.
먹힌 자들이 남긴
흉측한 사체를 그대로 내버려둘 수는 없다.
깨끗하게 사바나의 흙으로 되돌려주는
生死의 갈림길 중개자다.
우리들은 죽은 까닭을 묻지도 따지지도 않는다.

그저 죽음을 그대로 받아들여 우리들의 목숨을 지켜 나갈 뿐이다.

비록 썩은 사체를 먹고 살아가지만
가장 낮은 곳에서 가장 높은 곳을 찾아나서는
하이에나
생불이다.
예수다.
무함마드다.

　*공간적 배경: 사바나
　*시간적 배경: 동물이 죽을 때
　*등장인물: 사체, 사자, 누우떼, 하이에나
　*음향: 모래바람 소리

●공포: 점박이 하이에나 동굴 앞에 사자가 기다리고 있다.

점박이하이에나(공포)

아프리카 초원
점박이하이에나는
사자가 두렵다.

우리는
다른 동물 해치지 않으려고
죽은 동물
사체를 먹는다.

초원을 깨끗하게
청소해주었는데도
사자는
점박이 하이에나를
살생부에 점을 찍어놓았다.

우리들이 사는
동굴 앞에서
사자가 기다리고 있다.

　*공간적 배경: 사바나, 사자 동굴
　*시간적 배경: 동물이 죽을 때
　*등장인물: 사체, 점박이 하이에나
　*음향: 모래바람 소리

● 절망: 배고픈 수사자가 사생결단 쫓아와 목을 물었다.

하이에나(절망)

아프리카 초원
배고픈 수사자 한 마리가
하이에나를 쫓아가고 있다.

하이에나 무리들이
쫓겨 달아나고 있다.

무리에 뒤처진 새끼 하이에나 목덜미를

수사자에게 물었다.

하이에나 피가
팍팍팍 튀겼다.

　*공간적 배경: 아프리카 초원
　*시간적 배경: 동물이 죽을 때
　*등장인물: 숫사자, 하이에나
　*음향: 사자가 하이에나 목덜미무는 소리, 하이에나 비명
　*소도구: 하이에나 피

●고독: 암컷의 눈에 들지 않는 수컷 하이에나가 물끄러미 초원을 바라보고 있다.

수컷 하이에나(고독)

사바나 초원
하이에나 무리
대장은 암컷

다른 동물과 달리
암컷이 수컷보다
덩치가 더 컸다.

수컷 하이에나는
암컷 하이에나
눈치 살폈다.

암컷 눈 밖에 난
수컷 한 마리
노을 물든 지평선
우두커니 바라보고 있었다.

　　*공간적 배경: 사바나 초원
　　*시간적 배경: 노을 무렵
　　*등장인물: 수컷 하이에나. 암컷 하이에나

●분노: 사자에게 하이에나 무리들이 잡혀 먹혔다. 화가 난 하이에나 무리들이 사자의 만행을 그만 두고 볼 수 없다고 큰 무리를 지어 사자에게 달려들었다.

　　하이에나 사자에게 대들다(분노)

　　사바나의 대왕
　　사자들이
　　하이에나를 잡아먹었다.

　　한 마리 두 마리
　　하이에나
　　사자 밥이 되어갔다.

　　하이에나
　　우리도 그냥 당하고 살 수 없다.
　　하이에나 무리 스무 마리 떼지어
　　사자에게 덤볐다.

여기저기
마구 달려드는 사자
온몸이 피투성이 되었다.

　*공간적 배경: 사바나
　*시간적 배경: 하이에나가 사자에게 물려죽을 때
　*등장인물: 사자, 하이에나 무리
　*음향: 사자와 하이에나 무리가 싸우는 소리
　*소도구: 피

연습 문제·25

● 위의 예시와 같이 하이에나와 관련된 정서체험들 중 슬픔, 기쁨, 허무, 공포, 절망, 고독, 분노, 그리움 등 가장 인상에 남는 정서 하나를 선택하여 이미지 데생을 해보시오. 그리고 이미지 데생을 바탕으로 형상화 구성하기를 실습을 위한 연극시를 완성해보세요.

이미지 데생

●

형상화(연극시) 구성하기

하이에나(   )

*공간적 배경:
*시간적 배경:
*등장인물:
*음향:
*조명:
*소도구:

민달팽이로 이미지 데생과 형상화(연극시) 구성하기

이미지 데생

● 슬픔: 도시생활 20년째 집 한 채 장만 못 했다. 부동산 투기, 증권투자 모두 돈 버는 재주가 있어 집 장만했는데 늙으신 부모님 모시고 자식들 학비 먹고살기 빠듯하다. 무능한 가장이라 해도 어쩔 수 없다. 해마다 올라가는 전세금 채우기도 힘겹다. "집 없는 서민"

● 기쁨: 도시 주말농장에 사는 민달팽이가 달콤한 딸기 향기 쫓아가다가 딸기를 맛보았다. 달콤한 딸기 감칠맛이 생생했다.

● 허무: 날씨가 건조하다. 몸에 물기가 떨어지니 나뭇가지를 붙들고 있기 힘들다. 옆에 있던 친구가 몸에 물기가 떨어져 그만 떨어지고 말았다. 날씨에 따라 목숨이 달려있다.

● 공포: 유월 한강 고수부지 청소부 아주머니들이 풀을 뽑다가 민달팽이를 들추어냈다. 순간 햇볕이 따갑고 민달팽이의 몸이 바짝 말라갔다. 비실비실 몸동작이 점점 느려졌다.

● 절망: 한강 고수부지 풀밭에 민달팽이 청소부 아주머니들이 풀을 매다가 들추어냈다. 햇볕이 쨍쨍 비춰 점점 기진맥진해지고 몸이 바짝 말라갔다. 몸이 맘대로 움직여지지 않는다. 그나마 개미떼들이 달려들었다.

● 고독: 더듬이를 세우고 귀를 열어두었지만, 친구들과 통신이 안 된다.

● 분노: 누가 내가 살고 있는 집을 들추었느냐? 집 없는 사람은 어찌 살아가라고 전세금이 터무니없이 올라간다.

형상화(연극시) 구성하기

●슬픔: 도시생활 20년째 집 한 채 장만 못 했다. 부동산 투기, 증권투자 모두 돈 버는 재주가 있어 집 장만했는데 늙으신 부모님 모시고 자식들 학비 먹고살기 빠듯하다. 무능한 가장이라 해도 어쩔 수 없다. 해마다 올라가는 전세금 채우기도 빠듯하다. "집 없는 서민"

민달팽이(슬픔, 걱정)

지난 가을
나주 고향집 어머니께 문안 인사갔다가
어머니께서 싸주신 텃밭 배추 한 보따리
부엌에서 배추 다듬던 아내가 벌떡 일어나 소리를 질러댔다.
"왜, 그래"
"저기…"
겁에 질린 아내는 말을 잇지 못했다.
민달팽이 한 마리
배춧잎 엉금엉금 기어가고 있었다.

민달팽이가
지나간 배춧잎마다
눈물 얼룩 남겼다

스무해 회사 생활
서울 민달팽이 자식 걱정
한숨 내쉬며 늘 되풀이하시는 말씀

"못난 부모 만나
집 한 채도 못 마련해줘
정말 미안하구나."

민달팽이가 어머니 대신
더듬이 안테나 앞세우고 따라왔다.

*공간적 배경: 고향집, 서울 집 부엌
*시간적 배경: 가을
*등장인물: 시골 어머니. 나, 아내. 민달팽이
*소품: 배추 보따리

●기쁨: 도시 주말농장에 사는 민달팽이가 달콤한 딸기 향기 쫓아가다가 딸기를 맛보았다. 달콤한 딸기 감칠맛이 생생했다.

민달팽이(기쁨)

도시변두리 주말 텃밭
그늘진 수풀 엉금엉금
달콤한 향기 쫓아갔다.

빨간 딸기
주렁주렁

민달팽이
야금야금
딸기 핥았다.

입에 착 달라붙은
딸기 맛 감칠 맛

*공간적 배경: 도시변두리 주말 텃밭
*시간적 배경: 여름
*등장인물: 민달팽이, 딸기

●허무: 날씨가 건조하다. 몸에 물기가 떨어지니 나뭇가지를 붙들고 있기 힘들다. 옆에 있던 친구가 몸에 물기가 떨어져 그만 떨어지고 말았다. 날씨에 따라 목숨이 달려있다.

민달팽이(기쁨)

공원 여름 한낮
땡볕 쨍쨍
쫭쫭나무 울타리 밑
민달팽이

오랜 가뭄
바짝 마른
나뭇가지 달라붙어
비실비실

뚝 떨어져
꿈틀꿈틀

*공간적 배경: 공원

*시간적 배경: 한낮

*등장인물: 민달팽이, 꽝꽝나무

●공포: 유월 한강 고수부지 청소부 아주머니들이 풀을 뽑다가 민달팽이를 들추어냈다. 순간 햇볕이 따갑고 민달팽이의 몸이 바짝 말라갔다. 비실비실 몸동작이 점점 느려졌다.

민달팽이(공포)

유월
한강 고수부지
청소부 아주머니들
풀 뽑고 있었다.

풀 밑에 숨은
민달팽이
햇볕에 들추어졌다.

햇살 눈부셔
민달팽이
그늘 밑으로
엉금엉금 발버둥

몸이 점점
말라갔다.
비실비실
꿈틀꿈틀

움직임
점점 느려졌다.

*공간적 배경: 한강 고수부지
*시간적 배경: 유월 한낮
*등장인물: 민달팽이, 청소부 아주머니들
*소도구: 호미

● 절망: 한강 고수부지 꽃밭에 민달팽이 청소부 아주머니들이 풀을 매다가 들추어냈다. 햇볕이 쨍쨍 비춰 점점 기진맥진해지고 몸이 바짝 말라갔다. 몸이 맘대로 움직여지지 않는다. 그나마 개미 떼들이 달려들었다.

민달팽이(절망)

한강 고수부지
꽃밭
따가운 햇볕
민달팽이
몸 말라갔다.

느릿느릿
꿈틀꿈틀

몸이 맘대로
움직이지 않는다.

개미들이
온몸에 달라붙었다.

　　*공간적 배경: 한강 고수부지
　　*시간적 배경: 한낮
　　*등장인물: 민달팽이, 개미

●고독: 더듬이를 세우고 귀를 열어두었지만, 친구들과 통신이 안 된다.

　　민달팽이(고독)

　　유월
　　정신병동 벽 타고
　　담쟁이 넝쿨이 얽혀진
　　집안 창가

　　민달팽이 한 마리
　　창문 틈
　　더듬이 쫑긋

　　우두커니
　　안을 들여다보고 있다.

　　*공간적 배경: 정신병동 외벽과 창가
　　*시간적 배경: 유월 한낮
　　*등장인물: 민달팽이

*소도구: 호미

●분노: 누가 내가 살고 있는 집을 들추었느냐? 집 없는 사람은 어찌 살아가라고 전세금이 터무니없이 올라간다.

민달팽이(분노)

신축년 봄
민달팽이 집 신축해주는
LH주택공사 직원들

민달팽이 살 곳 미리 알고
미리 땅 사두었다가
한몫 챙기려다 덜미 잡혔다.

텔레비전 9시
단골 뉴스
민달팽이 먼저 죽인 LH주택공사

집 없는 민달팽이 20년
서울 떠돌이

민달팽이 더듬이
있으나 마나
한숨만 나온다.

　　*공간적 배경: 서울

*시간적 배경: 신축년 봄
*등장인물: LH주택공사 직원들, 민달팽이, 서울 떠돌이
*소품: 더듬이

연습 문제·26

●위의 예시와 같이 민달팽이와 관련된 정서체험들 중 슬픔, 기쁨, 허무, 공포, 절망, 고독, 분노, 그리움 등 가장 인상에 남는 정서 하나를 선택하여 이미지 데생을 해보시오. 그리고 이미지 데생을 바탕으로 형상화 구성하기를 실습을 위한 연극시를 완성해보세요.

이미지 데생

●

형상화(연극시) 구성하기

민달팽이(   )

*공간적 배경:

*시간적 배경:

*등장인물:

*음향:

*조명:

*소도구:

무생물 이미지 데생과 형상화(연극시)
구성하기 실습

산길 소재로 이미지 데생과 형상화(연극시) 구성하기

이미지 데생

● 슬픔: 굽은 허리 펼 날이 없다. 구불구불 늘 휘어져 살아간다.
● 기쁨: 산 너머 마을 가려면 한나절 걸렸다. 산을 뚫어 길을 냈다. 한나절이면 산 너머 마을 가서 볼일 다 보고 돌아올 수 있다.
● 허무: 산 너머 마을이 이웃이 되었다. 그러나 옛날처럼 살 가운 정이 없어진 것 같다.
● 공포: 이제 등산객들만 다니는데 멧돼지를 보았다는 사람들이 많아지자 등산객마저 발길 끊겼다.
● 절망: 사람이 다니지 않는 산길, 수풀이 울창하여 길이 없어졌다.
● 고독: 산길이 없어졌다. 지나가는 사람이 없다.
● 분노: 산길이 사람이 다니지 않자 수풀이 우거져 흔적 없이 지워놓았다. 산을 오르는 사람들이 다시 길을 만들려고 하자 지나가는 사람들의 발을 걸어 넘어지게 했다.
● 그리움: 산 너머 외갓집 어머님과 함께 가던 산길, 돌아가신 어머님 말씀이 생각난다.

형상화(연극시) 구성하기

● 슬픔: 굽은 허리 펼 날이 없다. 구불구불 늘 휘어져 살아간다.

　산길(슬픔)

비탈길
올라가는 길
굽은 허리 펼 날이 없다.

산모롱이
골짜기 따라
구불구불

슬픈 날
산길은
더 휘어져
꿈틀거렸다.

　*공간적 배경: 산비탈 산길
　*시간적 배경: 슬픈 날
　*등장인물: 산길

●기쁨: 산 너머 마을 가려면 한나절 걸렸다. 산을 뚫어 길을 냈다. 한나절이면 산 너머 마을 가서 볼일 다 보고 돌아올 수 있다.

산길(기쁨)

　산 너머 마을
　외갓집

　외갓집 가는 길
　산골짜기 따라

구불구불

한나절
터벅터벅

산을 뚫어
터널 길 생긴 뒤부터
두어 시간이면
오갔다.

*공간적 배경: 산 너머 외갓집
*시간적 배경: 어린 시절, 한나절
*등장인물: 나

● 허무: 산 너머 마을이 이웃이 되었다. 그러나 옛날처럼 살 가운 정이 없어진 것 같다.

터널 길(허무)

산 뚫어
터널 길이 생긴 뒤부터
산 너머 마을
오가는데
두어 시간

산 너머 마을
빨리 갔다가

되돌아올 수 있었지만
이제 산길은
모두 흔적 없이 사라졌다.

한나절 땀 흘려
산길
구불구불 힘겹게
이웃마을 사람들 만날 때면
서로 웃으며
살가운 정 나누었다.

이제는
서로가 서먹서먹
찬바람만 불었다.
등짝이 싸늘했다.

　　*공간적 배경: 산 너머 마을
　　*시간적 배경: 어린 시절, 한나절
　　*등장인물: 나
　　*소품: 풀

●공포: 이제 등산객들만 다니는데 멧돼지를 보았다는 사람들이 많아지자 등산객마저 발길 끊겼다.

산길(공포)

산길은

잡풀들이 감춰놓았다.

등산객들이
오고갔다.

멧돼지를 보았다는
사람들이 많아지자
등산객들도
발길 끊었다.

산길 옆에
할아버지 산소
성묫길
등골이 오싹오싹

 *공간적 배경: 산길, 할아버지 산소
 *시간적 배경: 추석 성묘 시기
 *등장인물: 등산객, 멧돼지, 잡풀

● 절망: 사람이 다니지 않는 산길, 수풀이 울창하여 길이 없어졌다.

  산길 없어졌다(절망)

  발길이 끊긴 산길은
  여름철이면
  수풀이 무성해

흔적도 없어졌다.

조상님 산소
힘겨운 성묫길

납골당으로
모셔왔다.

   *공간적 배경: 산길, 산소, 납골당
   *시간적 배경: 여름철
   *등장인물: 나
   *소품: 수풀

●고독: 산길이 없어졌다. 지나가는 사람이 없다.

내 마음 속 산길(고독)

고향을 떠나
도시에서 살아왔다.

어릴 적
산길은
텔레비전 방송에서
"나는 자연인이다" 프로그램
어렴풋이 떠올렸다.

내 마음 속

산길이 가물가물
고향 사람들 얼굴도
가물가물

　*공간적 배경: 시골 고향
　*시간적 배경: 어릴 적
　*등장인물: 나, 고향 사람들
　*소품: 나는 자연인이다, 텔레비전 프로그램

●분노: 산길이 사람이 다니지 않자 수풀이 우거져 흔적 없이 지워놓았다. 산을 오르는 사람들이 다시 길을 만들려고 하자 지나가는 사람들의 발을 걸어 넘어지게 했다.

산길(분노)

할아버지, 아버지
다니시던 산길
자취를 감추었다.

다니지 않는 길은
수풀이 뿌리를 뻗어
되찾아갔다.

산을 찾는 사람들이
산길을 되찾으려다가
나무뿌리에 걸려 넘어졌다.

너희들이 버린 길
왜 다시 찾아오느냐?

　*공간적 배경: 고향 산길
　*시간적 배경: 어린 시절
　*등장인물: 할아버지, 아버지, 나
　*소품: 나무뿌리

●그리움: 산 너머 외갓집 어머님과 함께 가던 산길, 돌아가신 어머님 말씀이 생각난다.

산길(그리움)

산 너머
외갓집

엄마 손잡고
구불구불

나사못 돌리듯
산모롱이 빙빙

발자국 소리 놀라
푸드덕
산 꿩 날개짓
오월이면
뻐꾹 뻐뻐꾹

밤마다
머리맡을 찾아왔다.

솔바람 부는 산길
주름살 실룩실룩

"이제 난 다리가 아파 더는 못 가겠다.
너 혼자 고갯마루 너머 가려무나."
그때 어머님 말씀
나사못 되어 내 가슴에 박혔다.

　*공간적 배경: 외갓집
　*시간적 배경: 어린 시절, 오월
　*등장인물: 나, 어머니
　*음향: 솔바람 소리

연습 문제·27

● 위의 예시와 같이 산길과 관련된 정서체험들 중 슬픔, 기쁨, 허무, 공포, 절망, 고독, 분노, 그리움 등 가장 인상에 남는 정서 하나를 선택하여 이미지 데생을 해보시오. 그리고 이미지 데생을 바탕으로 형상화 구성하기를 실습을 위한 연극시를 완성해보세요.

이미지 데생

●

형상화(연극시) 구성하기

산길(   )

*공간적 배경:
*시간적 배경:
*등장인물:
*음향:
*조명:
*소도구:

야구공 소재 이미지 데생과 형상화(연극시) 구성하기

이미지 데생

● 슬픔: 유명 타자가 휘둘러대는 방망이에 공이 빗맞아 파울이 되었다. 관중들이 실망했다.
● 기쁨: 홈런을 날렸다. 공이 관중석으로 날아갔다. 서로 공을 가지려고 우르르 나를 감싸 안았다. 유명한 선수가 홈런으로 날린 공을 야구팬이 가보로 보관했다.
● 허무: 공이 방망이에 맞는 순간 공이 찢어졌다.
● 공포: 2루 지킴이가 먼저 공을 잡았는데 안타 친 타자 심판이 오판하여 세이프(safe)를 선언했다. 관중들이 물건을 던지고 야구장은 아수라장이 되었다.
● 절망: 투수가 던진 공이 타자의 다리를 맞혔다. 데드볼이다. 다리 다친 사타구 선수가 그만 쓰러져 구급차에 실려 갔다.
● 고독: 야구장 귀퉁이 눈에 띄지 않는 곳에 공이 있다. 아무도 발견하지 못해 그대로 있다. 방망이 한번 휘둘러보지 못한 후보 선수가 발견했다.
● 분노: 새 공이다. 유명야구단 볼보이가 유명선수라고 속여 사인하여 팬서비스를 했다.

형상화(연극시) 구성하기

● 슬픔: 유명 타자가 휘 들러대는 방망이에 공이 빗맞아 파울이 되었다. 관중들이 실망했다.

파울(슬픔)

휴일 야구경기장
프로 경기 라이벌전

유명 야구선수
김야구 타자
휘두른 방망이
야구공 빗맞았다.

파울파울
관중들 실망했다.

　　*공간적 배경: 야구경기장
　　*시간적 배경: 프로경기 라이벌전을 할 때
　　*등장인물: 야구선수, 관중들
　　*음향: 야구공 방망이 맞는 소리, 관중들 응원소리
　　*소도구: 야구 방망이, 야구공

●기쁨: 홈런을 날렸다. 공이 관중석으로 날아갔다. 서로 공을 가지려고 우르르 나를 감싸 안았다. 유명한 선수가 홈런으로 날린 공을 야구팬이 가보로 보관했다.

야구공 가보(기쁨)

인기 프로야구단
라이벌전이다

야구장
관중석이
가득 찼다.

최고 타율 0.330
홈런 타자가
배터 박스에 들어섰다.

관중들이
열광했다.

투수가 공을 던지는 순간
타자가 방망이를 휘둘렀다.
"탁"
공이 하늘 높이 날았다.

일시에
관중들의 눈이
야구공을 따라 갔다.

중앙 팬스를 넘어서
관중석으로 날아갔다.

홈런! 홈런!
우르르
관중들이 달려들었다.
인기 선수의 홈런 기념 볼로

어느 야구팬의 가보가 되었다.

　　*공간적 배경: 야구경기장
　　*시간적 배경: 프로야구 경기가 있는 날
　　*등장인물: 관중
　　*음향: 야구공 배트에 맞는 소리, 관중의 환호소리
　　*소도구: 야구공

● 허무: 공이 방망이에 맞는 순간 공이 찢어졌다.

야구공 찢어졌다(허무)

유명 야구선수
방망이 들었다.

관중들
바짝 긴장했다.

투수가 공을 던지자
힘차게 방망이를
휘둘렀다.

탁, 픽
방망이에 맞은 공이
찢어져 공중으로 치솟았다.

　　*공간적 배경: 야구경기장

*시간적 배경: 야구경기가 있는 날
　　*등장인물: 투수, 타자, 포수
　　*음향: 방망이 야구공 맞는 소리
　　*소도구: 찢어진 야구공, 배트

●공포: 2루 지킴이가 먼저 공을 잡았는데 안타 친 타자 심판이 오판하여 세이프(safe)를 선언했다. 관중들이 물건을 던지고 야구장은 아수라장이 되었다.

성난 관중(공포)

인기 프로야구 리그전
야구경기장 관중석
모두 가득 찼다.

라이벌 팀 경기가
시작 되자
치어리더들의
응원이 치열했다.

유명 선수
안타 치고
2루까지 나아갔다.

2루 지킴이
공 먼저 잡았다.
타자의 들어오기

1초 늦었다.

심판은
세이프를 선언했다.

관중들의 항의가 빗발쳤다
손에 쥐고 있는
물건들이 야구장에 날아들었다.

난장판 야구장
아수라장이 되었다.

　*공간적 배경: 야구경기장
　*시간적 배경: 야구경기가 있는 날
　*등장인물: 치어리더, 야구선수, 관중들
　*음향: 관중들 응원소리
　*소도구: 야구방망이, 야구공

●절망: 투수가 던진 공이 타자의 다리를 맞혔다. 데드볼이다. 다리 다친 사타구 선수가 그만 쓰러져 구급차에 실려 갔다.

데드볼(절망)

프로야구
라이벌 전

양측 선수

긴장했다.

유명 선수
사타구 방망이 잡았다.

투수가 던진 공
미처 피하지 못하고
다리에 맞았다.

몇 발자국
절뚝절뚝

사타구 선수
픽 쓰러졌다.

들것에 실려
구급차에 실려 갔다.

  *공간적 배경: 야구경기장
  *시간적 배경: 야구경기가 있는 날
  *등장인물: 투수, 타자
  *음향: 선수가 쓰러지는 소리
  *소도구: 들것

●고독: 야구장 귀퉁이 눈에 띄지 않는 곳에 공이 있다. 아무도 발견하지 못해 그대로 있다. 방망이 한번 휘둘러보지 못한 후보 선수가 발견했다.

숨은 야구공(후보 선수)(고독)

야구장 귀퉁이
철망 휀스 사이
야구공 처 박혔다.

누구에게도 눈에 띄지 않아
비바람 된서리
맞고 있었다.

감독의 눈 밖에 난
후보 선수
일 년 동안 경기 때마다
방망이 한번 휘둘러보지 못했다.

감독이 바뀌었다.
철망 휀스 사이
숨은 야구공 찾아냈다.

 *공간적 배경: 야구경기장
 *시간적 배경: 야구경기가 있는 날
 *등장인물: 후보선수
 *소도구: 휀스, 야구공

●분노: 새 공이다. 유명야구단 볼보이가 유명선수라고 속여 사인하여 팬서비스를 했다.

팬 사인 야구공(분노)

야구 경기
좋아하는 사람이면
유명야구 선수 사인이 된 야구공
한두 개 정도 기념으로 가지고 있다.

야구장 처음 간 관객
야구장 입구 모퉁이에서
유명 선수 김야구
팬 사인 야구공 받았다.

돌아와 친구들에게
야구공 보여주며
어깨 으쓱거렸다.

집에 돌아와
김야구 선수 인터넷 검색을 해보았다.
팬 서비스 한 선수가 아니었다.

신사임당 초상화와 바꾼
김야구 사인볼 쳐다보고
이를 갈았다.

  *공간적 배경: 야구경기장
  *시간적 배경: 야구장에 간 날
  *등장인물: 야구장 처음 간 관객

*음향: 김야구, 후보선수
*소도구: 야구선수 사인한 야구공, 컴퓨터

연습 문제 · 28

●위의 예시와 같이 야구와 관련된 정서체험들 중 슬픔, 기쁨, 허무, 공포, 절망, 고독, 분노, 그리움 등 가장 인상에 남는 정서 하나를 선택하여 이미지 데생을 해보시오. 그리고 이미지 데생을 바탕으로 형상화 구성하기를 실습을 위한 연극시를 완성해보세요.

이미지 데생

●

형상화(연극시) 구성하기

야구(   )

*공간적 배경:

*시간적 배경:

*등장인물:

*음향:

*조명:

*소도구:

소금 소재 이미지 데생과 형상화(연극시) 구성하기

이미지 데생

●슬픔: 소금을 많이 섭취하여서인지 평소 짠돌이 생활을 해서인지 신장기능이 나빠지고 탈모가 된 고등학교 동창이 동창 모임에 나와 구석에 외톨이로 앉아있었다.
●기쁨: 죽염이 건강에 좋다고 죽염이 비싼 값에 잘 팔린다.
●허무: 오십 대 중년 건강도 돌보지 않고 열심히 검소하게 앞만 보고 살아왔는데 주위의 친구들이 싱겁게 저승으로 갔다.
●공포: 일본이 원전수를 바다로 흘려보내겠다고 한다. 만약 원전수를 바다에 흘려보낸다면 바닷물을 건조시켜 만든 소금은 어떻게 될까? 생각만 해도 무섭다.
●절망: 장마가 왔다. 염전은 소금을 만들어낼 수 없게 되었다.
●고독: 코로나로 외국인 염부들이 자기 나라로 돌아가 염전은 텅 비어있다.
●분노: 동네 단골식당의 국밥이 주방장이 바뀐 뒤로 너무 짜서 좀 싱겁게 해달라고 했다. 그런데 오늘 또 너무 국밥이 짜서 먹다가 그냥 나와 버렸다.

형상화(연극시) 구성하기

●슬픔: 소금을 많이 섭취하여서인지 평소 짠돌이 생활을 해서인지 신장기능이 나빠지고 탈모가 된 고등학교 동창이 동창 모임에 나와 구석에 외톨이로 앉아있었다.

대머리 친구(슬픔)

고등학교 동창
대수를 동창회에서 만났다.

얼굴 모습은 그대로인데
대머리가 되어
처음에는 알아보지 못했다.

친구들은
그가 음식 짜게 먹은 습관 때문에
신장이 나빠지고
대머리가 되었다고 수근거렸다.

사귀는 동창들과
연락 끊고 지내다가
처음으로 동창 모임에 나온 속셈이
훤히 들여다보였기 때문이었다.

대수의 이마는
소금처럼 반짝거렸지만
뒷자리에 앉아 말이 없었다.
외톨이가 되어 있었다.

　*공간적 배경: 식당
　　*시간적 배경: 동창회 날
　　　*등장인물: 대수, 나

*음향: 왁짜찌껄 떠드는 소리
*조명: 이마의 반짝거림

●기쁨: 죽염이 건강에 좋다고 죽염이 비싼 값에 잘 팔린다.

죽염(기쁨)

신안 증도 염전
바닷물 햇볕에 말려
소금을 만들었다.

소금차에 실려
죽염공장으로 갔다.

대나무 통에 소금을 넣고
황토 가마에 장작불로
아홉 번 되풀이 구워냈다.

하얀 소금도
대나무와 함께
뜨겁게 달아올라
자주색으로 변했다.

*공간적 배경: 신안 증도 염전, 소금창고, 죽염공장, 황토가마
*시간적 배경: 소금이 만들어질 때, 죽염이 만들어질 때
*등장인물: 소금, 죽염
*음향: 장작불 타는 소리

*조명: 장작불 조명

*소도구: 소금, 대나무통, 장작불

●허무: 오십 대 중년 건강도 돌보지 않고 열심히 검소하게 앞만 보고 살아왔는데 주위의 친구들이 싱겁게 저승으로 갔다.

위암(허무)

이제 오십 대 중년
열심히 살아왔다.

건강도 돌보지 않고
집 장만
자식 교육
앞길만 보고
밤늦게까지 일했다.

주위의 친구들이
하나 둘 쓰러져 갔다.

친한 친구 위만이가
위암 걸려 저승길

소금처럼
살아오다 싱겁게 갔다.

*공간적 배경: 미상

*시간적 배경: 위암으로 저승 갈 때
*등장인물: 소금, 오십대 중년 위만이

●공포: 일본이 원전수를 바다로 흘려보내겠다고 한다. 만약 원전수를 바다에 흘려보낸다면 바닷물을 건조시켜 만든 소금은 어떻게 될까? 생각만 해도 무섭다.

원전수 방류(공포)

일본 후쿠시마 원전
원전수를 바다로 흘러보냈다는 뉴스

바다가 오염되면
바다 먹거리
꺼림칙할 게다.

바닷물을 햇볕에 말려
만든 천일염
이제 안심하고 먹을 수 없게 되었다.

대대손손
제 나라와 이웃나라 사람들
바다 먹거리가
불안해졌다.

*공간적 배경: 일본이 후쿠시마 원전
*시간적 배경: 원전수를 바다로 방류했을 때

*등장인물: 바닷물, 천일염

●절망: 장마가 왔다. 염전은 소금을 만들어낼 수 없게 되었다.

　염부들(절망)

　칠월 장마가 시작됐다.
　연일 장맛비 주룩주룩

　염전에서는
　소금을 만들지 못했다

　염부들
　날마다 빈둥빈둥

　뛰는 전세금
　자식들 학비 걱정
　한숨만 푹푹 내쉬었다.

　　*공간적 배경: 염전
　　*시간적 배경: 칠월 장마
　　*등장인물: 염전 염부들
　　*음향: 장마 빗소리

●고독: 코로나로 외국인 염부들이 자기 나라로 돌아가 염전은 텅 비어있다.

염전(고독)

갯벌 막아
염전을 만들었다.

서해안
섬마을 갯벌

신축년
코로나 바이러스
동남아 염부들
모두 제 나라로 돌아갔다.

염전에는
염부들이 없었다.

텅 빈
염전바닥
햇살만 따가웠다.

　*공간적 배경: 염전
　*시간적 배경: 신축년 칠월
　*등장인물: 동남아 염부들

●분노: 동네 단골 국밥집의 주방장이 바뀐 뒤로 너무 짜서 좀 싱겁게 해달라고 했다. 그런데 오늘 또 너무 국밥이 짜서 먹다가 그냥 나와 버렸다.

국밥집 음식맛 (분노)

간이 맞아야
요리가 빛난다.

동네 단골 국밥집
주방장 바뀌었다.

국밥집
맛이 변했다.

전 싱겁게 먹습니다.
국밥 안 짜게 말아 주세요.

오늘은 괜찮겠지
국밥 한 숟갈 맛보았다.
어제보다 더 짰다.

"주방장, 국밥이 너무 짜서 못 먹겠소."
숟가락 내동이치고
국밥집을 나왔다.

"재수 없게 무슨 음식 투정이야.
별 싱거운 사람, 처음 보겠네."
주방장 헐레벌떡
바가지에 소금 들고 뛰어나와
내 등 뒤에 소금을 쫙쫙 흩뿌리고 있었다.

*공간적 배경: 국밥집
*시간적 배경: 연중
*등장인물: 주방장

연습 문제·29

●위의 예시와 같이 염전이나 소금과 관련된 정서체험들 중 슬픔, 기쁨, 허무, 공포, 절망, 고독, 분노, 그리움 등 가장 인상에 남는 정서 하나를 선택하여 이미지 데생을 해보시오. 그리고 이미지 데생을 바탕으로 형상화 구성하기를 실습을 위한 연극시를 완성해 보세요.

이미지 데생

●

형상화(연극시) 구성하기

염전, 소금 (   )

*공간적 배경:

*시간적 배경:

*등장인물:

*음향:

*조명:

*소도구:

저자 소개

김관식

학력

- 광주교육대학 졸업(1974년)
- 조선대학교 경상대학회계학과 졸업(1984년)
- 조선대학교 대학원 경영학과회계학전공 경영학석사(1986년)
- 한국교원대학교 대학원교육사회학과 교육학석사(1998년)
- 한국방송통신대학교 국어국문학과 졸업(2012년)
- 한국방송통신대학교 대학원문예창작콘텐츠학과 문학석사(2015년)
- 한국방송통신대학교 문화교양학과 졸업(2017년)
- 숭실대학교 대학원문예창작학과 박사과정 수료(2019년)

등단

- 전남일보 신춘문예 문학평론 입상(1976년)
- 계간 『자유문학』 신인상 시 당선(1998년)

저서

- 제1동시집 『토끼 발자국』(1983년)아동문예사
- 제2동시집 『꿀벌』(1990년)동화문학사
- 제3동시집 『꽃처럼 산다면』(1996)아동문예사
- 제4동시집 『햇살로 크는 바다』(2000)교단문학사
- 제5동시집 『화분 이야기』(2007)아이올리브
- 제6동시집 『바람개비 돌리는 날』(2007)아이올리브
- 제7연작동시집 『속삭이는 숲속 노래하는 나무들』(2007) 태극
- 제8연작동시집 『물속나라 친구들』(2008) 아이올리브
- 제9동시집 『가을 이름표』(2008) 아이올리브
- 제10연작동시집 『우리나라 꽃135』(2008) 아이올리브
- 제11연작동시집 『아침이슬83』(2013) 책마중
- 제12동시집 『이슬에게 물어봐』(2015) 도서출판 해동
- 제13동시집 『땅콩 속의 연가』(2017) 도서출판 고향
- 제14동시집 『바람과 풀잎』(2017) 도서출판 고향
- 제15동시집 해양생태동시 『숨바꼭질하는 바다』(2020)도서출판고향
- 제16동시집 『강마을』(2020)도서출판 고향
- 제17동시집 『황포돛대』(2020)도서출판 고향
- 김관식 외 116시인 좋은동시 재능기부동시집 『별 밥』(2020) 도서출판 고향
- 좋은동시 재능기부 동시집 제2호 『꿈나무 새싹 쑥쑥』(2021) 도서출판 고향
- 제18동시집 『겨울 발자국』(2022) 도서출판 명성서림
- 제1시집 『가루의 힘』(2014) 도서출판 해동
- 제2시집 『연어의 귀향』(2016) 문창콘
- 제3시집 『민들레꽃 향기』(2016) 문창콘
- 제4시집 『백수의 하루』(2016) 가온문학
- 제5시집 『시인 백서』(2016) 가온문학
- 제6시집 『강마을의 신화』(2016) 가온문학
- 제7시집 『백정』(2017) 도서출판 고향

- 제8시집 『시인백서·2』(2019) 도서출판 고향
- 제9시집 『어머니의 키질』(2019) 도서출판 고향
- 제10시집 짧은 시 『매미』(2019) 도서출판 고향
- 제11시집 짧은 시 『단풍』(2019) 도서출판 고향
- 제12시집 동남아여행시집 『세부와 앙코르와트』(2020) 부크크
- 제13시집 『영산강 숨터』(2020) 도서출판 고향
- 제14시집 『가을 경마장』(2021) 도서출판 명성서림
- 제15시집 『생각하는 숫자』(2021) 도서출판 명성서림
- 제16시집 『개구리 울었다』(2021) 부크크
- 제17시집 포스트모니즘 탈경계 풍자시 『풍자, 시인의 의자』(2021) 도서출판 이바구
- 제18시집 『낚시어보』(2022) 도서출판 명성서림
- 전설집 『나주의 전설』(1991년) 나주문화원
- 문학평론집 『현대동시인의 시세계-호남편』(2013) 책마중
- 문학평론집 『한국현대시인의 시세계』(2016) 문창콘
- 문학평론집 『아동문학과 문학적 상상력』(2017) 청동거울
- 문학평론집 『아동문학의 이해와 전망』(2018) 도서출판 고향
- 문학평론집 『한국현대시의 성찰과 전망』(2018) 도서출판 고향
- 문학평론집 『한국시문학의 근본문제와 방향』(2019) 도서출판 고향
- 명상칼럼집 『한 자루의 촛불』(2017) 명성서림
- 문학이론서 『아동문학의 이해와 동시창작법』(2017) 명성서림
- 시창작이론서 『현대시 창작방법과 실제』(2021) 도서출판 이바구

수상
- 2009년 한국시 문학대상 수상
- 2016년 제7회 백교문학상 대상 수상
- 2017년 황조근정 훈장
- 2019년 김우종문학상 문학평론 부문 본상 수상
- 2021년 문예창작 문학상 대상 수상

문학단체
- 한국문인협회 회원
- 국제펜 한국본부 이사
- 한국문학협회 자문위원
- 양천문인협회 자문위원
- 한국산림문학회 회원
- 한국문예춘추문인협회 회원, 자유문학회 회원
- 백교효문화선양회 회원, 문학의강 문인회 이사
- 한국아동문학인협회 이사
- 나주문인협회 초대회장 역임
- 한국좋은동시 재능기부사업회 추진자
- 계간 『한국시』, 『지필문학』 신인심사위원 역임
- 계간 『시와 늪』 주필 및 신인심사위원장 역임
- 계간 『한글문학』, 『남도문학』 자문위원, 계간 『서정문학』 운영위원
- 계간 『창작산맥』 운영이사, 계간 『문예창작』 편집위원
- 계간 『백제문학』, 『남도문학』, 『가온문학』, 『나눔문학』 신인심사위원
- 인터넷 홈 페이지 주소: http://kks419.kll.co.kr/

현재
- 연락처: 08110 서울 양천구 신정로170 신정6차현대APT 104동 1102호
- 집필실: 58289 전남 나주시 공산면 덕음로 548-15
- 손전화: 010-4239-3908.
- 이메일: kks41900@naver.com, rlarhkstlr419@hanmail.net